郝景芳
张沪宁 | 等 著

遇见天使

达人父母养育札记

北京理工大学出版社
BEIJING INSTITUTE OF TECHNOLOGY PRESS

CONTENTS

目录

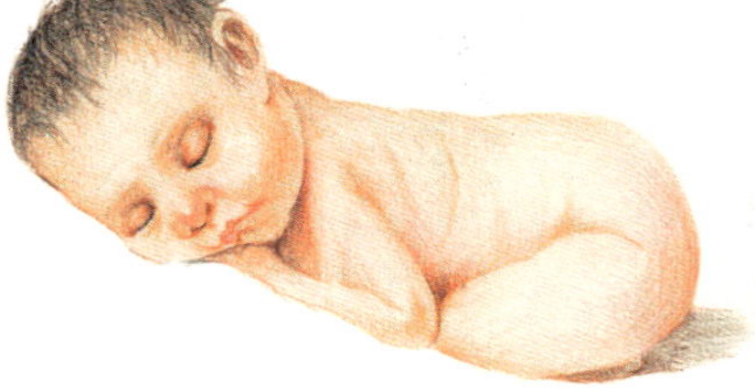

02 情绪
那些哭声告诉我们的事

03 感官
唤醒他心中沉睡的巨人

04 接纳 我的“不完美”小孩

05 时间 时间是个奢侈又性感的东西

06 爸爸角色
爸爸，你有多重要

07 双语教育
双语（OPOL）养育，你也可以

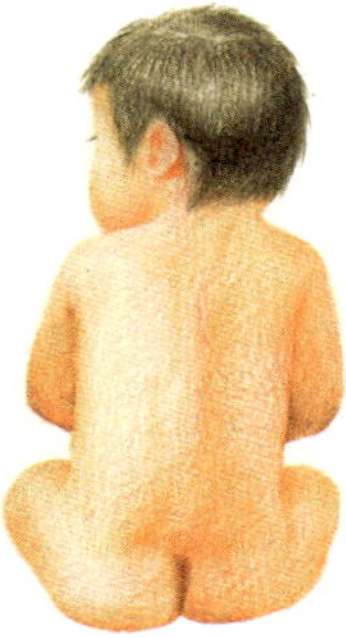

序　言

张沪宁

生命就像一场旅行。有了孩子之后，我们的旅程就多了一份爱，一份责任，一份深深的憧憬。在这场旅行中，我们往往意外起程，没来得及看攻略，没时间买装备，就和孩子一起上路了。一路上，有时风和日丽，有时狂风暴雨，有时甚至迷失了前行的方向。旅途中，时常有过客经过并告诉我们："该左拐啦！""不对，右转你才能走得更快。""你去的地方有什么好？不如加入我们吧。""你的鞋子怎么能长途旅行呢？早该换啦。"……各种声音充斥耳畔，搞得我们不知道该听谁的，生怕错过了美景，用错了装备，走错了路。

旅行时走错路，可以重新出发；而养育孩子只能一路向前，没有退路，不能重来。老师教我们天文、地理、语文、代数，唯独没教过我们如何成为合格的父母，如何面对养育之路上的迷惘与困惑。

我的创业项目"艺盒"在2016年通过23讲线上"亲子课堂百群直播"，邀请专家及育儿达人向上百个微信群的家长传播育儿理念及经验，上万人从中受益。

因为课程分享及后来的机缘巧合，我有幸参与了这本书的策划、合作过程。历经半年，7位作者共同打磨出10万字精华，将育儿理念及方法通

过最平实的文字、最真实的例子、最深刻的感受向你娓娓道来。希望你在读过这份“攻略”后可以更好地整装出发，在与孩子同行的旅程中，多珍惜与他们在一起的时光，多看看沿途的美景，多探讨人生的目标，并在某个特定的时刻准备好放手，让孩子们勇敢起程，信心满满地走出一条属于自己的路。

作为本书的特别策划人，我与提供“攻略”的这 7 位作者的缘分也着实有趣。有些作者是我相识十几年的好友，而有些作者直到最后一稿提交时都还没有见过面。不论哪种情况，我都非常珍惜通过“文字”与作者“神”交的过程。有时为了一个事例或者一个修改建议，我们会聊到凌晨，听他们讲述这段故事背后的眼泪和欢笑。在被他们的育儿故事感动的同时，我更多的是深深的感恩。感恩所有的作者为了让这些理念和方法得到更广泛的传播，在白天上班、晚上照顾孩子的情况下，只能在深夜、凌晨或上下班通勤的时候挤时间一字一句将思想沉淀，将一个个故事雕刻于纸上，把它们立体地捧到读者的面前。在您即将翻开后面的文章慢慢品读前，先来听听这 7 位作者的故事吧。

豆爸欧阳晖，一个涅槃重生的父亲和一位执着、专注的老师

豆爸与我是同行，都曾是人力资源的专业人士，都曾在世界 500 强企业做过管理，目前也都投身于亲子教育行业，聊起来颇有共鸣。

因为太太的工作关系，豆爸几年前带着女儿一起去了加拿大。太太在国外的工作十分繁忙，而他的工作可以远程处理，所以，照顾孩子的重任便落到了他的身上。没想到，把亲子养育想象得很简单的豆爸，初期在女儿教育问题上栽了大跟头。这个曾经叱咤风云、精于人力资源管理的职场高手，突然跌入了连 4 岁小孩子都管不好的深深自责和无奈之中。直到他遇见了《双向养育》这本书，就好似抓住了一根救命稻草，拉着它一步步

走出来。从愤怒、消极、抓狂的亲子关系，步入和气、积极、快乐的亲子时光。从最初只是想找“改变”孩子问题的方法，最终认识到：其实，父母真正需要的是“改变”自己！

经过脱胎换骨的变化及认真思考后，豆爸索性放下了自己多年的事业，转行亲子教育，成为“双向养育”项目来自中国的第一位认证导师，并把《双向养育》翻译成中文在中国出版，还作为“双向养育”中国首席导师在国内市场推广这个项目并传播现代养育理念。

目前中国的家庭，父亲的角色经常缺失，带孩子仿佛成了妈妈一个人的重任。而面对父亲的角色，豆爸没有逃避，没有抱怨，没有在错误的养育道路上越走越远；相反，他大量阅读亲子著作、认真参与养育类的工作坊、积极主动地找寻解决方案、亲力亲为改善与女儿的关系。而最让豆爸开心的是，在养育女儿的过程中，自己也在经历人生的修炼和成长，成为更好的父亲，成为更好的男人。

想知道豆爸从束手无策的苦恼爸爸升级为能量满满的家庭教育导师所经历的故事和感悟吗？那就速速翻看豆爸的文章吧。

| 郝景芳，作家，第 74 届雨果奖得主，童行书院创始人

景芳和我都曾是清华国标舞队的队员，相识快 10 年了。不管过去还是现在，她给人的感觉，永远那么文静、谦和、低调、守信。每次见到景芳，都是清新的衣装、美丽的素颜，犹如《荷塘月色》中那枝伸出湖面的荷花，不带这世上的一点污染，纯净可人。

她的经历说出来都自带光环。清华物理系本科，清华经管学院博士，曾出版《时光里的欧洲》《流浪苍穹》《孤独深处》《去远方》等多部著作。2016 年，凭借短篇小说《北京折叠》获得了第 74 届雨果奖最佳“短中篇小说奖”。看到她在美国领奖现场用英文质朴又不失小幽默地发表获奖感言，

手机这端的我竟然流下了欣喜的眼泪，发自内心地替她高兴。

之后，她没有大肆炒作自己，仍然干着热爱的工作，写着迷人的小说，做着超有爱的公益项目。此外，因为女儿晴晴的降临，景芳开始关注儿童心理学，并创办“晴妈说”公众号，把自己的所学所感分享给妈妈们，让更多人关注孩子的情绪管理和心理健康。

我特别喜欢她分享的有关孩子情绪管理的部分。因为太多家长不了解孩子的心理，以大人的视角审视孩子的行为，误读了孩子情绪背后的深层次原因，不仅委屈了小朋友，还让亲子关系甚至家庭关系蒙上了阴影。所以，我们希望景芳可以通过她的文章解析孩子的情绪，并以亲身教育经历给家长们以启示和思考。于是，超有责任心的景芳虽然要上交课题研究报告，完成她的另一本新书的书稿，还要主导童行书院的组建……她依然想办法在出差的路上，在女儿睡觉后的时间里用心地写完了这篇文章。

我想，“坚持”“谦逊”和“守信”，大概就是景芳与其他小有成就马上飘飘然的人士最大的区别。而她的这种品质，也注定会让她在成功的路上越走越远，越走越顺。

而我们，也应该怀着感恩的心来读这篇文章，一起享用景芳为我们用爱心烹调的思想大餐！

馨心，一个热爱戏剧、喜爱孩子，能够随时随地陪孩子说演故事的生活大师

虽然认识馨心已经快1年了，第一次见面却是在本书截稿后，她带我参观了位于北京昌平的辛庄艺术村。

馨心是个特别会聊天和讲故事的人。上次来艺盒分享“如何和孩子说演故事”就迷倒了一群家长，这次又聊起她与戏剧，尤其是与孩子的渊源。她本科受教于上海戏剧学院戏剧文学系编剧专业，从事剧场工作已经10

余年，参与原创制作的演出近300场。20世纪90年代末，她还创办过全国第一个亲子广播节目《亲亲宝贝》，并兼任《为了孩子》杂志育儿专栏编辑。早年她曾在上海做小剧场话剧的制作人，近年专注于海外优秀儿童剧的引进和全国巡演以及亲子活动，目前她正在致力于深入社区推广家庭故事剧场，发动家长开展社区戏剧活动，共同创作与即兴表演，让戏剧的艺术、教育与社会应用真正与生活接轨，走进家庭，联结更多人。

“沪宁，你知道吗？其实我们和孩子在一起玩的时候，根本不需要什么特别花哨的道具。我陪我的小外甥玩的时候，我们两个就在家里，想象出海航行与冒险的情景，他是船长，我是水手，我们一会儿‘看见’了海啸袭来，一会儿与海盗‘搏斗’，一会儿又沉到海底找寻宝藏，一会儿高喊‘我们胜利啦！’……这些才是和孩子说演故事的真谛，只要我们能够激发孩子自发的创造力和想象力，所有其他都是辅助的工具。我的小外甥现在已经能够自主完成一系列故事的创想，自编自演，自娱自乐。这都是在日常生活的自由玩耍中渐渐地、自然地生长出来的，不用刻意教，这就是用故事和戏剧的方式教育孩子所生发的感染力与魔力。”

我想，一个懂得欣赏戏剧的人是非常幸福的，因为观看戏剧可以拓宽人生的维度。在另一个世界里，你不是你，你可以是国王、公主、骑士、舞女……戏剧还可以让你更加了解他人，因为你更懂得从另一个角色出发思考与解决问题；同时，经常练习不同的演说也会让语言极具魅力，可以温婉，可以威武，可以掷地有声，模仿出千奇百怪的角色。此外，入戏的人更善于表达自己以及释放情绪，于动静相宜之中收放自如。

因为戏剧，我和馨心一见如故。本书的这篇文章是馨心专业戏剧工作10余年的精华回顾。希望通过她的经验分享，家长们能够在生活中学习、实践，激活孩子的想象力、创造力、表达力、洞察力等能力。愿我们每个家长都能够和孩子一起沉浸在戏剧的魔法世界里，说演自己的故事，成为生活大师。

| 鸭鸭妈，一个不想让孩子成为超人，而一定要她快乐的全职妈妈

因为鸭鸭妈的先生和我先生是多年的好友，两家偶尔一起喝个咖啡吃个饭。鸭鸭妈曾经和我特别认真地说过：“我不想让女儿过得那么程式化，上那么多的补习班，童年都没有了。我就希望她健康、快乐、人品端正，哪怕就是一个普通的女孩儿，我依然为她骄傲。”

生孩子之前，鸭鸭妈的履历也是金光闪闪。医学院毕业，病理生理学硕士，出国前曾在苏州医学院任教，后又加入世界500强企业任品牌经理。而突如其来的生育却让鸭鸭妈的生活发生了180度大转弯。以前是职场精英，过着体面风光的白领生活，出入五星级酒店，接触各公司高管，偶尔和老公来场说走就走的甜蜜旅行，每天的生活多姿多彩。怀孕后，因为是高龄产妇，辞职待产，之后干脆做起了全职妈妈。每天蓬头垢面，打交道的除了尿不湿就是奶瓶或家里的油盐酱醋，孩子哭闹、生病，先生又不在身边时，她几乎要崩溃，瞬间就能号啕大哭。

与鸭鸭妈有同感的妈妈们一定大有人在。好在鸭鸭妈有老公的支持、家人的帮忙、自己的努力，才一步步走出当年的苦海，成为快乐的全职妈妈。

如今，她要把自己的真实经历如写日记、聊家常般呈现到你的面前，让你知道一个完美主义者如何智慧地允许自己带孩子的“不完美”；一个得知孩子被诊断为“感统失调”内心怕极了的妈妈，如何阳光地带着女儿走出超越恐惧的第一步；一个曾经看着“别人家的孩子”多才多艺而自家孩子到哪儿都哭的妈妈，是如何发现孩子的天赋从而鼓励她、让她无压力地学习和成长……

看完鸭鸭妈的文章也许你会明白，人生不止一个版本，每个孩子都是上天给我们的独特礼物。作为家长，我们要珍惜他们、爱护他们，更要尊重他们，给他们更广阔的空间，让他们按照自己的意志自由地飞翔！

| 艺丹，常青藤学校深造、带娃读书，用对方法成为人生赢家

总有一种女孩，让你见后就有种相见恨晚的感觉。

和艺丹认识，是因为我们有一个共同的好闺蜜。第一次见艺丹时，恰逢她留学休假回国，我们约在一家餐厅边吃边聊。因为我毕业时参加了一个国际交流项目环游世界，还有幸到哈佛大学进修半年，所以我们的话题就从常青藤学校和国外旅行开始，再聊到工作、家庭和小孩。后来发现，艺丹竟然也是世界500强企业的人力资源管理人员，而她读的正是全美人力资源专业排名第一的康奈尔大学的人力资源管理硕士学位，难怪大家有种莫名的默契，合拍极了。

因为我当时正在物色艺盒第2季亲子课堂百群直播的分享人，所以，我特别问了艺丹如何兼顾工作、自身成长和孩子的教育。她丝毫没有保留，向我诉说了全部心经。比如：不要试图做全能妈妈；花钱买时间让合适的人干擅长的事；全情投入，高质量地陪伴孩子；断舍离，绝不因小失大；高效安排时间，明确目标。在这一理念的指导下，即使她去康奈尔大学读书，每天学习到凌晨，也坚持把女儿带在身边，并利用假期带女儿去欧洲旅行，开阔她的视野，在旅行中锻炼孩子的独立人格和应对问题的方法。因为艺丹觉得，生活是最艺术的老师，它会用深刻的方式教会我们学习的方法。只要用心、领悟得当、用对方法，人人都可以成为人生赢家。

在本书中，艺丹带给我们的文章就是课程分享内容“做一个好家长，也做更好的自己”的升级精华版。

认真看吧，保你获益多多。

| 徐琼，两个混血宝宝的妈妈，伦敦大学教育研究院教育博士，被英国老公呵护的幸福女人

好遗憾，直到现在，我和徐琼都未曾谋面。但万物互联的世界真的很奇妙，一个网络，一个微信，就把一个在伦敦一个在北京的我们联系在了一起。

徐琼是我们第 1 季百群直播的分享人，设计人员做好她那节课的海报发给我看的时候，我发现照片中的她笑得甜甜的，怀里抱着混血小儿子，身旁站着英国老公，一家人都笑得很幸福。

徐琼绝对是学霸级的人物，她在英国社会学年会、中国研究协会会议、美国中国学年会等国内外的大型会议上均发表过论文和演讲，而且在学术期刊发表了多篇有关父亲角色特别是父亲与女儿关系的专业论文。她的博士研究成果也出版成一本英文专著。

而且学霸讲课也不同，徐琼在她的分享课开始前先让我发了一个调查问卷，里面有她设计的 7 个题目，想要通过问卷了解家庭中父亲对亲子关系及夫妻关系的重视和参与程度。

调查结果比我们预期的还吃惊。

我们收回了 130 份问卷。在 7 个问题中，父亲表现最差的是下面两个：

问题 1：老公在你怀孕的时候一起帮忙补课看怀孕书吗？

只有 15% 的老公经常一起学习，40% 偶尔学习，44% 从不学习。

问题 2: 孩子大一点后，爸爸晚上会给孩子讲故事吗？

只有 18% 的爸爸经常会讲，53% 的爸爸偶尔会讲，29% 的爸爸从不给孩子讲故事。

你家的那位爸爸怎么样呢？如果你也有一个整天以“繁忙”为借口在孩子教育问题上躲得远远的老公，请你一定带着他好好读读徐琼博士的这篇文章，里面你会看到调查的更多真实数据，并深刻理解为何父亲角色在亲子关系中不可缺失。

衷心祝愿：你的育儿之路可以再添一个并肩作战的好伙伴！

| 王生斌，比尔·盖茨的同声传译，新东方10年“钻戒”老师，Steven的超级奶爸

我和王生斌认识十几年了。他历史系出身却酷爱英文，一边看着史书一边狂飙外语，把英语说得跟母语似的。当年他给比尔·盖茨、英国前首相托尼·布莱尔等世界知名人物做同声传译的事让他名声大噪，新东方10年同传课也让他荣升为“钻戒”级老师。自己开的翻译公司生意红红火火，一年国内外飞不断。本来以为他会因为工作忙而成为“甩手”先生，但让人惊讶的是，他竟然成了家里教育孩子的主力和儿子Steven的超级奶爸。

本书的这篇文章，老王从“One Person, One Language”的理论出发，号召有条件的家长一人和孩子说中文，一人和孩子讲英文，从小给孩子创造双语的成长环境。他也列举了许多生活中的例子，告诉英文没那么好的家长们应该如何利用丰富的资源给孩子提供良好的英文环境，如何“磨耳朵”，如何利用普通玩具自创新奇玩法，如何角色扮演、讲故事、做演讲……充分调动孩子的学习热情和好奇心，让孩子的阅读理解能力和语言表达能力快速提升。

最重要的是，家长要有信心，要掌握正确的方法，要持之以恒，要保持孩子对知识的渴求，要尽力全家共创学习的环境，关注孩子的成长。这样的话，你也会亲自品尝到收获的欣喜。

赶紧翻看老王那篇文章，看看工作狂人是如何成为超级奶爸的吧！

01

遇见天使

遇见天使，遇见更好的自己 // 欧阳晖

父母和孩子应当在家庭环境中互相支持，发现真实自我。最好的方式，就是给彼此无条件的爱。

遇见天使，遇见你：人生新起点

今天是 2016 年 10 月 18 日，根据中国的说法，因为日期尾数的缘故，这是一个好日子。

对于我来说，这不仅是一个普通的好日子，更是我人生的新起点。我翻译的《双向养育》，在这一天正式首发出版了。在精装圆脊装帧和典雅唯美的封面里，每个父母一定能体会到从我手中流淌出来的文字的温度。

5 年前，我在多伦多第一次翻开了《双向养育》的英文版 *Breakthrough Parenting: Moving Your Family From Struggle to Cooperation*。那时，我们刚到加拿大不久，正从零开始枫叶之国的新生活。我和夫人做好了应对各种困难的准备，但始料不及的是，最大的挑战竟然来自还不到 4 岁的女儿豆豆。

在北京时，像大部分中国父母一样，我们每天忙碌往返于公司和家庭，从豆豆出生开始，双方父母就轮流过来帮我们照看孩子。感谢老人的辛劳，豆豆一天天成长，我们也能在晚上下班后和周末陪她。在加拿大，我们开始独立带孩子。由于夫人全职上班，我在家里通过网络工作，因此带女儿的任务就落在我身上。

与小人儿的斗争就此拉开序幕。

豆豆对我不接纳、反抗甚至排斥，经常因为很小的事情情绪失控、大声尖叫。当我耐着性子，苦口婆心地给她讲道理，她置若罔闻，令我倍感无力；

于是管教行为升级，对她训斥和批评，她则皱着眉头，噘着小嘴，愤愤不平地瞪着我，甚至用哭号直接对抗，一寸寸“腐蚀”我的耐心；当黔驴技穷的我被逼到没有退路，为了维护父亲的“威严”惩罚她时，我从她噙满泪水的眼中看到恐惧、怨恨和委屈，刚刚“疏解”了胸中的怒火，我又立即陷入深深的自责和懊悔。

尖锐的对抗让我焦虑不堪。面前这个小人儿，对我不理不睬，对我横眉冷对，对我大声抗议。我无法忽略，也不能放弃，却又不知如何是好，那种深深的无力感，远远超过以往职业生涯中遇到的所有挑战。于是，我开始通过一切途径寻找解决问题的答案。

我在网上搜寻各种育儿攻略，但发现它们大多不过是东拼西凑的窍门堆砌和耸人听闻的标题党，甚至自相矛盾。我萌发出系统学习的想法。于是，我从图书馆借来一大堆育儿书籍学习，参加各种亲子培训班和工作坊，仿佛重回学生时代，学习如何做一个称职的爸爸。

一天，一位老师推荐了一本书 *Breakthrough Parenting: Moving Your Family From Struggle to Cooperation*。从翻开书的第一页开始，我就被深深吸引。书中的每一句话，每一个观念，每一个案例，仿佛都是为我量身定做，时时让我忆起对女儿那些可笑、可气又可悲的“恶行”。

书中的一句话对我当头棒喝：“如果你的工具只有榔头，所有问题在你眼中都是一颗钉子。”动辄发脾气、见到陌生人胆怯、吃饭磨蹭、遇到困难退缩、晚上不睡觉、早上不起床……女儿的这些行为，在我眼中不正是一个个需要敲打而后快的钉子吗？但是除了批评和惩罚，我真的不知如何应对。“如果你有礼物馈赠他人，你就有责任以别人能够接受的方式馈赠。”作为爸爸，我希望女儿具备责任、自尊、积极这些优秀品质，但是我从来没有考虑过我使用的方法她是否能够接受、乐于接受。

我开始按照书中的理念和原则改变自己，从对女儿的每一句话、每一个表情、每一个问题着手改变。以前，我从来没有对女儿说过“我爱你”，仿佛这是天经地义、女儿应该知道的。从那时开始，每天开车送她到学校，她推门下车时，我都会转身对她说“I love you”。她从最开始的疑惑，到后来点头“嗯”表示知道，到最后也会对我说“I love you”。我也时时告诫自己不要在气头上训斥女儿，因为“话语伤人不亚于拳头”。遇到冲突时我会后退一步，让我们父女都平静下来，然后抱着解决问题而非惩戒、出气的目的和女儿平心静气地沟通。我也学会了闭上嘴巴，以尊重和平等的态度，认真倾听女儿的话。我惊奇地发现，这个小人儿的心思还真是复杂，对许多事情都有自己的一套想法。我深深地体悟到什么是无条件的爱，孩子和孩子的行为是两件完全不同的事情，万万不能混为一谈，绝不能因为孩子的某个行为而对他们整个人失望和否定。

改变自己并非一帆风顺，虽然时时告诫，处处留心，仍偶尔会对女儿面色阴沉、厉言相向。但是，我和女儿关系的坚冰在渐渐解冻，我听到她更多开心的笑声，她也更愿意依偎在我怀里听我给她讲故事，因情绪失控导致的尖叫基本销声匿迹，对我的要求也更加配合。

3 年前，第二个女儿果果的降生给我们家增添了更多忙碌和欢乐。所有曾经在豆豆身上走过的弯路，经历过的焦虑，已经变成宝贵的人生财富。我和夫人都是更“强大”的爸爸和妈妈，对于如何做好父母的角色充满信心。我们允许果果自己用手抓食物放进口中，让她自己解决和小朋友的纠纷，鼓励她自己尝试新的活动……看着果果渐渐成为一个勇敢、有主见、情绪稳定的小姑娘，我们心中满是欣慰。

对于我而言，《双向养育》不仅是成为卓越父母的百科全书，还是经营和谐家庭的操作指南，更是实现自我的精神灯塔。每一天，我陪女儿在儿童乐园无忧无虑地玩耍，带她们去图书馆看绘本，为她们准备喜欢的晚餐，认真听她们叽里呱啦分享当天在学校和幼儿园发生的小故事，教女儿如何查字典、理解时分秒的 60 进位，睡前给她们讲喜欢的绘本。有多少次，当她们终于进入梦乡，能够安静下来的我问自己：“做一个好爸爸，就是生活的全部吗？”成为好爸爸自然非常重要，但对于人生，这远远不够。《双向养育》告诉我们，“自我牺牲并非美德”，我们不能为了孩子放弃自己对美好生活的追求。“达到人生自我实现的关键在于帮助他人自我实现。”因此，从加拿大回国后，我决心在中国传播这个助我“涅槃”的养育方法，帮千千万万中国父母重新审视自己,认识到改变孩子必须从改变自己开始，并学习和实践现代亲子理念和方法。

北京一个晴朗的初夏周末，我和夫人带着两个女儿去奥林匹克森林公园。走累了的果果骑在我的肩膀上，忽然，她用小手轻轻拍了拍我的脑袋，俯下头凑到我的耳边悄悄说：“爸爸，我爱你！”“爸爸也爱你！”我轻声回应，心里满是温暖。

其实，每一个孩子都是天使，他们来到我们的世界，与我们相遇。与他们同行的过程，也是我们完善自己的过程。因为遇见了孩子就是遇见了天使，遇见了爱。

养育孩子的战略思维

我是《罗辑思维》的忠实粉丝，每集必听，认真地听。

《罗辑思维》其中一期的主题是“什么是战略”，讲的是英国战争史学家弗里德曼的鸿篇巨作《战略》，当然是从一个很小的角度去阐述的。

《战略》一书不仅仅局限在战争范围内，而是包含人类历史的一切时期、一切层次的战略。从政治到军事，从商业到市场，乃至个人层面。

说到战略，人们自然就会想到另一个词：战术。这两个词经常成双入对出现，人们对它们的基本理解是：战略是涉及全局的、复杂的、全面的、长期的，而战术是局部的、临时的、相对简单的。

罗胖子根据《战略》这本书做了不同的诠释。

战术思维是运用资源达成目标，这个目标非常简单而清晰，就是要赢，最好对方全死全输，我是全活全赢。

战略思维也是运用资源达成目标，但是这个目标更加保守：在我们的推动下，我们从一个均衡态势向另一个均衡态势转化。在转化中，力图在下一个均衡点中占据更大一些的优势。

我们可以举出许多战术和战略的差别，可是在这里，我关注的一点是：战术思维强调我赢你输，战略思维强调双方都能生存下去的均衡。

看到这里，父母们会奇怪了，您豆爸不是一直在谈亲子育儿吗？这和战略、战术有半毛钱关系吗？好，我们来看一些司空见惯的情况，就从我自己的亲身经历讲起。

有一次我在社区做了一个现场亲子分享会，主题是“如何抛弃惩罚，用尊重和爱的方法管教孩子，帮孩子改变不当行为”。现场坐的基本都是妈妈，只在后排坐了一个爸爸。

这位爸爸的出现让我倍感鼓舞。因为，我不是一个人在战斗！看，在这个房间里还有另一个爸爸。在我分享的过程中，这位爸爸大部分时间在摆弄手机，偶尔抬头听一听。不过，人家毕竟花时间坐到这里，远远好过那些根本拒绝学习的爸爸。

分享结束后，那位爸爸过来向我请教。他说自己的孩子上幼儿园中班，在班里是个捣蛋大王，最严重的是喜欢推打小朋友，为此老师不知告了多少次状，也没少因此教训甚至打骂儿子，但问题没有任何改善。他现在看到老师单独发来的微信或者打来的电话就发毛，生怕儿子又在幼儿园惹是生非。

搞清楚了这位爸爸的疑惑，我开始给他讲我的建议。我先给他简要回顾今天分享的内容，可是刚说了几句，这位爸爸就礼貌地打断了我。

他说：“豆爸，您讲的道理我都懂，我最想知道的就是如果儿子再打人，我应该怎样管教他？有没有管用的好方法？”

我说：“管教孩子当然有方法，不过，如果知道了这些方法背后的道理，用起来会更有效。”

这位爸爸说：“嗯，我知道，您讲的时候我都听了，这些道理很好，我很认同。我现在最困惑的就是，如果孩子打人，我该怎么做？具体可以用什么办法？”

唉！我在心里叹了口气，开始给这个焦虑的爸爸介绍孩子打人应该怎么应对，他听得非常认真，频频点头。

我知道，这位爸爸前面那番对我赞同的话，既有礼貌的成分，也有不耐烦的因素。他心里可能在说："豆爸呀，您跟我讲这些理论有啥用？理论再好也不能解决孩子的问题呀！我的时间宝贵呀，您就不要绕弯子了，直接告诉我孩子打人我该怎么做就行了。"

听完我给他支的着儿，这位爸爸非常高兴，连连道谢："谢谢豆爸，这下我知道该怎么做了。以后这小子再打人，我就用您说的这些方法教训他，让这家伙把打人的毛病改了。"

看着这个仿佛找到"灵丹妙药"的爸爸的背影，我有些感慨。这位爸爸需要想一想，您知道孩子打人应该怎么做了，可是，再遇到下面这些问题，您又该如何应对呢？

孩子要什么东西就一定要到手，否则就在地上打滚耍赖；

孩子对任何批评都满不在乎，全当耳旁风；

每天在电视、动画片前一定要待很长时间；

以后上小学厌恶学习，不想写作业；

……

让我们再回到战略和战术的话题。这位爸爸其实就是典型的养育上的战术思维。关于孩子的这一个问题，一定要找到方法解决，让孩子按照大人的想法去做，也就是"我赢你输"。可是，孩子成长中出现的问题层出不穷，如果按照这种态度，这个爸爸就需要寻找一个又一个解决每个具体问题的不同的"灵丹妙药"。这种"头疼医头，脚疼医脚"的做法，一定会让他疲惫不堪的。

正确的方法应该是什么呢？就是要转到养育的战略思维：父母和孩子没有谁输谁赢的问题，大家需要共同成长。每个人都需要开心、舒适、幸福，都需要建立滋养彼此的和谐亲子关系。

这就要求父母从就事论事、解决具体问题的狭隘圈子跳出来，具备更宽广的视野，理解养育方法的"其然"，更要理解方法背后的"其所以然"。在这个基础上，在遇到表面上看起来不同的孩子的问题时，都能直抵问题实质，找到根源，采用合适的方法应对。

战术很管用，立竿见影，但仅仅局限于此，就可能为今后养育孩子埋下更大的挑战。努力让自己站到养育的战略高度，知道方法，更了解方法后面的原理，懂得和孩子共同成长的道理，才能轻松应对养育各年龄段孩子的不同挑战，从人生的一个均衡走向另一个均衡。

养育孩子需要有战略思维，这是我践行多年双向养育，经历了脱胎换骨的改变之后的感悟。放在 5 年前，不要说养孩子的战略，我连基本的战术都摸不到头绪。

我现在仍然记得多年前家里经常出现的一幕。

墙上挂钟的指针指向 8:30，外面天已经黑透了。4 岁半的豆豆仍旧一个人独自坐在餐桌前，时而用筷子心不在焉地在碗里刨几下，时而望着窗外黑黑的后院发一会儿愣。这本应是她开始洗漱准备睡觉的时间了，可她已经在餐桌前坐了将近两个小时。桌上，是已经热了两遍的饭菜，一小碗米饭还剩下一半。我和太太早已吃完了饭、收拾了餐桌、洗完了碗碟，甚至清理了整个厨房。现在，我俩站在豆豆后面，不时轻轻叹着气，心里满是郁闷、焦虑和无奈。这种情形已经不知出现过多少次了！我们无数次问自己“为什么会这样？豆豆为什么不好好吃饭？”每天三顿饭，成了我们躲避不开的焦虑时刻。

每天三次，风雨无阻！

那时我们刚到加拿大不久，豆豆吃饭的问题是我们的一个心头病。我和豆豆妈妈下决心扭转豆豆不好好吃饭的毛病。我们决定不再喂她，而是要求她自己吃饭。可这又导致了新的问题，她吃饭时专注度很低，吃两口就做半天小动作，而我们则不时催促她、提醒她，一顿饭下来基本都要一个多小时。我们觉得不能长久如此，就又决定吃饭时不再催促她，而是要求她吃不完饭不能离开饭桌。于是，就出现本文最开始发生的故事。

孩子不好好吃饭怎么能有足够的营养？怎么能够健康成长？豆豆吃饭的问题从原来我们小小的心头病升级成每天都要不断面对的巨大焦虑！求助于网络，看到很多医学专家说孩子厌食是缺锌所致。我们就带豆豆去看家庭医生，在诊所有了下面的对话：

我："医生，孩子从小就不好好吃饭，是不是因为身体缺锌或者其他微量元素？"

家庭医生："不是缺锌，是因为不饿。"

我："因为不饿？"

家庭医生："是的，因为不饿。孩子饿了就会吃饭，没有不吃饭的孩子。"

我："可是，我的女儿饿了也不好好吃饭呀？"

家庭医生没有回答，而是转身从柜子里拿出一张印制精美的资料递给我。我接过来一看，是健康机构印制的教父母如何培养孩子良好吃饭习惯的宣传单页。一条条看下来，心里的疑惑逐渐找到了答案。原来，在孩子吃饭的问题上，我们之前犯了多少错误啊！

下面就是这份宣传资料的内容。

父母的责任

· 吃什么

为一家人准备同样的食物，不单独为孩子准备不同的食物。当你按照加拿大食物指南准备了健康、丰富的食品，你的孩子也会喜欢上这些食物。

（豆爸吐槽：如果说加拿大食品清单是一本10页纸的微型小说，那么，中国的食品清单就是一套大部头的长篇巨著。但这都不是重点，重点是，要准备健康的食物。）

· 什么时候吃

每天在固定时间吃饭，孩子的肚子也会自动调整生物钟，会在每天吃饭时准时饿着肚子坐到餐桌前。

· 在哪里吃

和父母在同一个餐桌就餐，孩子会吃得更好。

孩子的责任

· 吃不吃，吃多少

请父母相信，孩子知道自己有没有吃饱。

（豆爸吐槽：写到这里，眼前不由浮现出中国家长特有的无比忧虑的表情和话语："哎呀，吃得太少了，一会儿肚子饿了怎么办？宝宝乖，再吃一点儿。乖，把嘴巴张开……""就吃这么点儿？太少了！不行！把饭吃完！"中国的父母有多少敢让孩子自己做主吃不吃、吃多少？我不也是为了豆豆不好好吃饭而忧心忡忡吗？）

让孩子好好吃饭的窍门

· 全家一起吃饭

和父母一起吃饭会让孩子学会健康的就餐习惯、良好的餐桌礼仪、如何使用餐具，并且也给父母提供了示范机会。

（豆爸吐槽：现在，中国父母大多工作非常繁忙，还有许多人晚上有各种应酬和活动，很多时候都在外面吃饭，更不要说和孩子一同吃饭了。）

· 固定的时间吃饭、吃零食

每天给孩子准备 3 次正餐和 2~3 次正餐之间的零食。不要让孩子饿得发慌找吃的，也不要整天给孩子喂吃的。在正餐和零食时间之间，只给孩子喝水，因为即使很少的牛奶、饮料或者饼干，也会惯坏孩子的胃口。这样，孩子到吃饭的时间就会感到饥饿，也更愿意尝试吃不同的食物。

· 让孩子自己决定吃不吃、吃多少

随着孩子年龄的增长，他们喜欢吃的食物会改变。他们每天的胃口好坏，也取决于当天的运动量、是否劳累、是否生病、吃饭的地点等因素。无论如何，大人们一定要相信，孩子知道自己是否已经吃饱。

（豆爸吐槽：中国的父母，尤其是祖父母，通常都会假设孩子没有吃饱，并为了这个假设的事实忧心不已。）

· 不吃饭就离开

如果孩子坐在餐桌前10~15分钟还没有开始吃东西，就平静地把他的食物拿走，让孩子离开饭桌自己去玩，而其他人则继续吃饭。

（豆爸吐槽：在中国，绝大多数家庭要做到这一点实在太难，简直难于上青天！一般会导致两种后果，父母动之以情、晓之以理地好言相劝，或者按捺不住怒火厉声呵斥。即使父母想这样做，疼爱孙子的爷爷奶奶、姥姥姥爷也不会答应的，一定会出手相救。）

· 避免分散注意力

吃饭是家人聚在一起的快乐时光，不要被其他事情分散注意力，例如看电视、看视频、玩游戏、玩电脑等，玩具绝对不能放在饭桌上或孩子手边。

（豆爸吐槽：孩子不好好吃饭是许多家庭头疼的问题，为了解决这个问题大人们可谓无所不用其极，其中之一就是看电视。许多孩子只有打开电视看动画片才能安静地坐下来，眼睛紧盯屏幕一刻不愿离开，然后不时张开嘴让大人把饭菜送进嘴里。）

· 不要给孩子单独做饭

如果只给孩子做他们喜欢吃的食物，孩子就永远学不会吃多样化的食物。做饭时，总是准备一样他们喜欢的，这样就至少可以保证他们不会饿肚子。

· 做好模范带头作用

如果餐桌上其他人都认真吃饭，孩子在这种氛围影响下，也会养成专心吃饭的好习惯。

· 开心就餐

让吃饭时间成为放松、快乐的过程。如果宝宝太小，坚持用手抓着吃，就由他去好了。如果不断纠正孩子的种种问题，孩子就不会愿意坐到餐桌前了。

· 不要因为吃饭给孩子奖励、惩罚或者哄骗

孩子在有压力的情况下不会好好吃饭，为了获得奖励而吃饭不仅不会长久，还会造成更严重的后果，那就是没有奖励就不好好吃饭。

看着每一条，反思以前的做法，我终于明白了：每顿饭我们想尽办法与孩子斗智斗勇，哄着骗着逼着让孩子吃多吃饱，看起来我们仿佛赢得了每一次战斗。但赢得每次战斗的代价，就是孩子失去了主动吃饭的意愿，对他们来说，每次吃饭都是对大人的一次抗争，更遑论享受吃饭过程了。从这个意义上说，我们赢得了每次吃饭战斗，却输掉了整个吃饭战争，赢了战术，却输了战略。

拿着资料回到家里，我们决定按照上面的要求逐项落实。我们告诉豆豆，如果她不想吃或者吃饱了，就可以离开餐桌。豆豆为此欢呼雀跃，以为“幸福时光”从此降临了。可好景不长，她很快就发现，不想吃饭就可以离开非常潇洒，可肚子很快就会饿，但她再不会得到任何零食或其他食物，而只能等到下一顿饭才能填饱肚子。于是就出现了一个有趣的波浪形规律，豆豆总是前一顿不好好吃而下一顿狼吞虎咽。这种情形经过一段时间后，豆豆就逐渐养成了良好的吃饭习惯，而我们再也没有为豆豆吃饭焦虑过。

第二个女儿果果降生时，我们对孩子的吃饭问题已经是自信满满的“专家”了。从果果能自己用手抓东西吃开始，我们就鼓励她自己把食物放进嘴里。每次她把餐盘弄得一片狼藉，把自己的小脸抹成唱戏花脸时，我们都报以开心的微笑。和我们一样，豆豆在餐桌上也是妹妹的好榜样，有时还会给妹妹头头是道地大讲要认真吃饭的道理。从果果能自己吃饭到现在，原来曾经困扰我们几年的孩子吃饭问题，一次也没有发生过。

回国后，有一次我们在餐馆吃饭，旁边一桌坐着一家老小，有爷爷奶奶、爸爸妈妈和一个与果果年龄相仿的小男孩。小男孩手里拿着变形金刚玩具在摆弄，奶奶坐在旁边不住地夹菜送到小男孩嘴边，小男孩头一歪吃一口然后又继续玩玩具。果果看了一眼那个小男孩，把一口饭送进嘴里，对我们说：“那个小朋友都不好好吃饭，我都好好吃饭。”满脸的“傲娇”！

给孩子无条件的爱

我至今仍清晰地记得，当我一本正经地给当时还不满 5 岁的女儿豆豆说“I love you”时，她脸上的奇异表情。

那是多伦多冬天一个寒冷的早晨，和平常一样，我开车送她上学。到了学校，我停下车，豆豆自己解开安全带，从后排的儿童增高座椅上爬下来。

我在座位上转过身，抓住这个机会，用英语对她说了一句“I love you”。

豆豆听到后愣了一下，眼睛并没有看我。但是，她的脸上分明写着惊讶、不解和困惑。她一定在想：“老爸今天估计是吃错药了！”她没有说话，而是拉开车门跳下，“嘭”的一声关上车门，穿着厚厚的雪衣、雪裤、高腰雪靴，踏着积雪跑进了学校大门。

看着她的背影，我心里轻轻叹了口气。

之所以早上做出这件“吃错药”的事情，是因为前一天我的加拿大亲子老师给我的一个建议。一次亲子培训课后，我和那位老师聊天，她问我：“听说你们中国父母很少给孩子说‘我爱你’，是这样吗？”

我说：“可能有些妈妈在孩子小的时候会说，长大一些应该就不大会说了。中国的爸爸基本不会说。”

她不解：“为什么不给孩子说呢？”

我想了想：“中国父母和加拿大父母对孩子的爱都是一样的。父母一般都是用行动来表达爱的，等到孩子大一些，懂事了，就会明白父母对他们的爱了。”

说心里话，我对自己的这番解释都表示看不上眼！这只不过是不知如何回答时的应付罢了。从小，我们就没有听过我们的父母对我们说“我爱你”。实际上，听到父母对自己认真地说过“我爱你”的中国孩子，应当是幸福的一小撮。我们的文化，也不鼓励自己对别人表达情感，即使是最亲密的人。

亲子老师若有所思地点点头，对我说：“你可以从明天开始，每天对你的女儿说‘我爱你’，一定会有意想不到的效果。”

有这么神吗？西方人说“I love you”就跟咱们喝凉水似的！我对她这个建议的怀疑，甚至超过了自己刚才那番牵强的解释。

不过中国人有个特点，对老师的话言听计从。作为从小就是“学霸”的我，也脱不了这个俗。况且，豆豆已经令我无计可施，也只能听老师的建议。但是，我决定说英文“I love you”，而不是中文“我爱你”。说来也怪，不知是文字的文化烙印太深，还是中文特有的某种魔力，总之让我认真严肃地对着女儿用中文说“我爱你”，总觉得难以说出口。

于是，就出现了文章开头讲的那一幕。

第一天对女儿说“I love you”，开局小小受挫。但我发扬“任你虐我千百遍，我仍待你如初恋”的精神，每天早上开车送女儿上学时对她说一句“I love you”。终于，有了收获。不知道多少天以后，我在说完“I love you”以后，豆豆对我也咕哝了一句“I love you”。虽然不甚清晰，但分明是从她嘴里发出来的。

我欣喜若狂，在取得阶段性成果的基础上再接再厉，“I love you”被我说得字正腔圆。渐渐地，豆豆对我说“I love you”越来越清晰，也越来越自然。到最后，这句原本对于中国爸爸有些难为情的话，在我和女儿之间已经像吃一碗自制的油泼面那么自然。（顺便自夸一下，我的擀面、扯面、拉条子功夫了得。）

后来回到中国，豆豆早上和同学一道上学。每天 7 点她走出家门按电梯下行键时，我都会在门口对她说一句“I love you”，她会回答“I love you”，然后走进电梯。

我坚信，孩子带着父母的爱和祝福开始的一天，必定是美好的一天。

随着“I love you”成为我和豆豆之间每天的对话，我和她之间的紧张关系也渐渐缓和，并且变得越发亲密。强迫、命令、批评、责骂、叛逆、抗拒，渐渐成为历史。

很多父母都知道应该对孩子无条件地关爱和接纳，但是总也做不到。一旦看到孩子的错误、抗拒和问题行为，我们就会不自觉地跳到有条件的爱，“如果你再……我就不爱你了（或者不喜欢你了）”。

你以为“我爱你”这三个字只是给孩子说的？

没错，这是说给孩子听的。

但同样重要的是，这三个字也是说给我们自己听的。这也是每一天我们对自己的提醒：我们是孩子的父母，是他们在这个世界上最亲近的人。无论孩子犯了什么错误，能够保护他们、拯救他们、给他们安全的，只有我们父母。如果我们对孩子的爱有一点点折扣和保留，孩子敏感的心灵雷达都能捕捉到。所以，爱孩子吧，无条件地爱他们、接纳他们吧。

“我爱你”这三个字，其实，也是说给我们自己听的。这让我想起一个周末，我带着小女儿果果在小区玩时遇到的一幕。

春天了，小区原本枯黄的草地逐渐有了一点绿意。小区物业也开始在地上接上浇水的喷头，给草地浇水。浇水的喷头可以自己转动方向，这样就可以覆盖到更多的面积。转动的喷头吸引了许多孩子。

一个 4 岁左右的男孩子跑到喷头边玩，结果被水喷湿了衣服。他的妈妈看到了，厉声把他叫了过去，训斥道：“我刚才给你说了不要玩水，你怎么就记不住？！”男孩子知道做错了事情，低下头不敢看妈妈的脸。

批评了几句后，男孩子又恢复了“自由”。但是转动的喷头诱惑力实在太大，没过多久，他又控制不住跑过去玩。这一次，他整个前胸都被水浇湿了。他的妈妈发现后，气急败坏地跑过去，揪着孩子的胳膊走到路边，更大声地斥责孩子：“妈妈说了多少遍不许玩水？你是不是聋了？”男孩子害怕地把头深深埋起来。“你要是再玩水，妈妈就不喜欢你了！”听到这里，小男孩抬起头，一脸困惑地看着妈妈的脸。

我猜他一定在想：是不是做了错事，妈妈就不再爱自己了呢？

我们听到太多父母对孩子说过类似的话，仿佛不这样就无法让孩子认识到问题的严重性。他们不知道，天真的孩子会对此信以为真。

每个人降生到这个世界时都有一个真实的自我。但随着为了取悦他人而不断忽视真实的自我，我们逐渐变成了虚假的自我。我们如此害怕失去别人的爱和肯定，以至于逐渐远离了真实的自我。父母和孩子应当在家庭环境中互相支持，发现真实自我。最好的方式，就是给彼此无条件的爱。

——摘自《双向养育》

上面这段文字我是5年前第一次看到，当时羞愧难当。自以为很爱女儿的我，原来也在用爱和孩子做人生的“等价交换”。

我们许多父母何尝不也是如此？孩子表现得好，我们就非常欣喜，对他们的爱就多一些；如果孩子犯了错误，失望和怒火也会损害我们对他们的爱。为了自保，孩子渐渐学会给自己戴上面具，他们对父母封闭了心扉，不再愿意与父母分享自己的喜怒哀乐。屈从和隐藏让他们渐渐失去了真实的自我。当这个面具由于父母持续的无知越来越厚，孩子可能终生无法将其摘掉。

我想起几年前在加拿大的一个经历。一天，一位要好的朋友邀请我周末去参加一个教会活动，说有机会聆听一位美国著名华人大牧师传福音。从小接受的教育已让我成为彻底的唯物主义者，但由于对宗教仍充满兴趣，于是欣然接受。

那天我比开始时间晚了半小时赶到教堂，那位著名的华人牧师正在台上娓娓讲演。他讲的内容我几乎全部忘记，但是他说的一个例子我至今记忆犹新。他说自己有一次去学校观看儿子参加的合唱团表演，当演出开始，大幕拉开，舞台上几十名孩子开始歌唱时，他就一直盯着自己的儿子。他说：“舞台上有那么多孩子，我的儿子站在靠边的位置。他不是最帅的，也不是唱得最好的，他还有许多缺点，常常惹我生气。可是，我的眼光一刻也没有离开过他，在我这个爸爸眼中，整个舞台仿佛只有他一个人。因为他是我的儿子，我深深爱着他，这无关他的容貌、品行和学业。”

我至今仍然清晰地记得听到这段话时内心的震颤。我扪心自问，我为什么做不到这样去爱自己的女儿呢?

我们总是将孩子和孩子的行为混为一谈。有多少父母，因为孩子学习成绩不佳，就认为他们一无是处、未来堪忧?因为一时之怒，就将孩子的优点和曾经给自己带来的欢乐全都抛到九霄云外?的确，真正做到区分清楚非常困难，但是为了孩子成为真正的自己，未来不生活在面具之后，我们有什么理由不努力做到这一点呢?至少，应该时时提醒自己注意。

米奇，我希望你知道我爱你，过去爱你，将来也会永远爱你。没有任何事情能改变我对你的爱。但这并不是说我不会对你做的事情感到失望，有时候还可能非常生气。有一点很重要，你要理解你和你的所作所为是两码事。无论你做了什么，都永远不会改变我对你的爱，永远不会!你可以相信这一点。

——摘自《双向养育》

5年前，在读了这段爸爸说给儿子的话，我决定也对豆豆说同样的话，传递同样的信息。这是对女儿的承诺，更是对自己的鞭策。

在说之前，我并不确定豆豆是否能理解其中的意思。说完之后我问她：“你知道爸爸的意思吗?”豆豆点点头：“知道，就是我做错了事情，爸爸不喜欢我做的事情，爸爸还是喜欢我。”

从那以后，我隔一段时间就会找一个合适的机会给豆豆说一次同样的话。我坚信，所有的孩子都希望知道父母无条件地爱着他们。这样的话说多少，孩子也不会厌倦。

从那之后，我有时会因为豆豆的一些行为感到生气，但我始终坚持只针对事情本身，而不去评判她。豆豆也不再对我们隐藏自己的错误和想法，而是敞开心扉，放心地告诉我们学校的事情和自己的困惑，这也让我们有机会去和她一起解决问题。

将孩子和孩子的行为加以区别，向他们倾注无条件的爱，他们才会绽放出真实的自我，才不会因为在屈从和隐藏中戴上人生面具而迷失。

平静对待孩子的不良行为

美国是车轮上的国家。其实，加拿大也可以算是车轮上的国家。998万平方公里的国土面积紧随俄罗斯之后排名世界第二，而人口只有区区3500万。北京、上海两个城市的人口加起来，就超过加拿大全国人口。在这块地广人稀的土地上，不开车虽不能说寸步难行，但也是非常不便的。

所以，开车就成了加拿大生活的一个重要组成部分。在加拿大生活时，我基本上每天都要开车上路，但是在路上基本没有听到有人按车喇叭。如果一定要给一个具体些的数字，路上总共听到汽车喇叭的声音不会超过3次。

与之形成鲜明对比，2016年回到中国，第一天在北京开车上路，就听到不下20次汽车喇叭声。开车的人按喇叭，有时是为了提醒，告诉其他人“我来了，请注意”“赶紧让开路”，有时是发泄愤怒、焦虑、不耐烦的情绪。但是，汽车喇叭此起彼伏的喧嚣并未给道路带来通畅，反而让行人、开车者都陷入更加烦躁的状态。

我在加拿大看到的父母和中国看到的许多父母，他们之间的对比与两个国家汽车喇叭的对比非常相似。

作为一个全职爸爸，我自然要经常带两个女儿去各种公共场所：图书馆、公园、儿童游乐园、商场、学校、诊所、露营区、度假区……然而，我没有一次看到加拿大父母当众对孩子大声斥责和吼叫。是的，没有一次，一点儿也不夸张。当父母与孩子沟通时，都是轻声细语、态度平静。

在中国，我们不用专门寻找，只要在小区里孩子活动集中的地方转一圈，就能很容易领略到父母、祖父母们在公众场合教训孩子的调门。

下面就是我们熟悉的几个场景。

5 岁的男孩开心地玩着草地上浇水的喷头，结果弄湿了衣服。妈妈把孩子揪过来："给你说过多少次了，不要玩水，怎么就是不听？！前面那件衣服还没干，这件又弄湿了！你是不是屁股又痒痒了？说，以后还玩水不？！……说话呀！你是不是聋了？"

3 岁的孩子在小区花园中跑来跑去，一会儿捡一根棍子比画两下，一会儿搬块砖头扔到一边。腿脚不大灵便、根本跟不上孩子的奶奶坐在椅子上，远远地用大嗓门对孩子徒劳地吆喝、威胁："把棍子扔了……听见没有！把棍子扔了……别扔砖头……别跑来跑去,一会儿脑袋磕破了……别玩土，再玩我打你……"

在商场，一位妈妈指着 4 岁女儿的鼻子大声训斥："你这孩子怎么这么不听话？就知道乱跑。跑丢了怎么办？你要是再这样,妈妈就不喜欢你了！"

透过这些高分贝的吼叫，我们不仅看到父母、祖父母对孩子的关心和担心，还看到他们的无计可施、黔驴技穷，更看到面对孩子问题时因为情绪失控导致的气急败坏。这些父母、祖父母认为通过大声责骂——

可以让孩子记取教训，以后不敢再犯错误；

能够在公众场合挽回自己因为孩子不乖而丢失的面子。

遗憾的是，这两个目标都注定无法达成。吼叫和训斥或许能让孩子暂时停止"不良"行为，但当父母不在身边时，他们可能会变本加厉地做被禁止的行为；而在公众场合吼叫本身，就会让他们颜面尽失。

如果孩子在公众场合做出不良行为，最佳的应对方式就是态度平静地面对。

如果孩子因为需求没有满足而哭闹

例如：

在商场要买一个昂贵的玩具遭到拒绝；

看到别的小朋友吃冰激凌也要买，可是自己正在感冒；

因为家里还有其他安排，需要离开游乐场……

不要说教、训斥。蹲下来，轻轻地抱一抱她（如果孩子因为生气拒绝拥抱，那就稍等一等。被负面情绪困扰的孩子，内心深处都是渴望父母的关爱和拥抱的，等他们平静下来，他们就会扑到你怀里），温柔地对他/她说："爸爸/妈妈知道宝宝非常想要……可是这一次真的不行，因为……你看，我们还有很多其他很有趣的事情可以做呢。来，骑到爸爸脖子上吧，这样你就是这里最高的宝宝了。"

如果孩子因为恐惧而大哭

例如：

被一条窜出的狗吓了一大跳；

爬杠子时不小心摔了下来；

在商场中走失后被工作人员送回父母身边……

轻轻地把他们拥在怀里，轻轻地拍他们的背，告诉他们："宝宝，爸爸/妈妈知道你有些害怕。没关系，爸爸/妈妈在这里。有爸爸/妈妈在，不怕！"

如果孩子做了危险的行为

例如：

从很高的地方跳下来；

爬到很高很细的树枝上；

和别的孩子用树枝玩"击剑"……

不要大声斥责，平静地轻声对他们说："你刚才做的事情爸爸/妈妈很担心，我害怕你会受伤，那样你自己会很疼，我也会很难过。以后不要再那样做了。"

如果孩子做了错误的行为

例如：

玩耍时推倒别的小朋友；

在游乐场不排队就抢着玩秋千；

在花园中摘了一大把花……

不要批评、责骂，而是严肃、平静地对他们说："爸爸/妈妈看到你这样做很吃惊，这样做对别的小朋友很不公平。你一定也不希望别人对你这样做。如果再遇到这种情况，你觉得应该怎么做？"

如果父母坚持以平静的态度面对孩子，我们就可以让孩子更容易接受我们的建议，也能够为他们树立一个榜样：无论面对何种情况，我们都能控制自己的情绪。这对孩子心理的健康成长至关重要。

对于很多父母来说，真正做到平静很难，因为这需要他们做出改变，而改变意味着和多年形成的习惯做斗争。但是，如果我们自己都不能改变，又有什么资格要求孩子改掉那些"坏"毛病呢？

所以，爸爸、妈妈们，请降低音量，舒展怒容，让平静赐予我们真正的力量！

不做焦虑、困惑、纠结和无知的父母

一次线上亲子分享后，有位妈妈匿名问了我这样一个问题：

我希望孩子可以活出自己，她可以不出色，可以平平淡淡，只要她做自己，能有开心的笑容，积极的心态，还有一颗可以坚持下去的恒心！不要像我，想做不敢做，什么都怕，无法融入社会，满满的负能量！我该从哪些方面教育我的孩子呢？

这段话太值得玩味。我们可以从许多不同的角度剖析，看到中国父母在养育孩子时的焦虑、困惑、纠结和无知。一个自认为满满负能量的妈妈，希望孩子成为真实的自己、积极、乐观和坚持，这是多么大的讽刺！更令人绝望的是，她想的是如何去教育自己的孩子！

这两年，网上流传着一篇文章及其不同“变种”，中心意思是：请远离生活中的“垃圾人”。“垃圾人”是指那些浑身散发负能量，被各种负面情绪包围的人，这类人“沮丧、愤怒、忌妒、算计、仇恨，充满了傲慢与偏见、贪心、不满足、抱怨、比较，充满了见不得人好、愚昧、无知、烦恼、报复和失望”。试图和他们讲道理是天方夜谭，更遑论和他们一辩是非，那样只会让自己被他们散发的“负面垃圾”污染，可能自己也因此陷入负面情绪的深渊。对待“垃圾人”最好的办法就是敬而远之，离他们越远越好，不受他们的影响。

没错，我们可以选择远离“垃圾人”。可是，如果父母自己就是“垃圾人”，他们的孩子该怎么办呢？

很不幸，“垃圾父母”的孩子根本无处可逃。

小时候，妈妈认识一个阿姨，虽然谈不上是朋友，但是她们见了面还是能打招呼、聊天的。可是后来，妈妈告诉我，她在街上远远看到这个阿姨，就会赶紧躲开，生怕和她遇上说话。因为，这个阿姨有一个本领：无论谈论什么话题，不出 3 分钟，她都能非常自然地将话题转移到自己的抱怨。

她抱怨自己在单位遭受的种种不公正待遇，因此愤愤不平；抱怨自己的先生在公司里虽然任劳任怨，但因为是老好人，处处受人排挤，在涨工资、去外地出差、评职称这些好事上屡屡吃亏；抱怨女儿性格太老实，在学校里被人欺负，也得不到老师的关心；抱怨她和先生的亲戚们总是想方设法占她们家的便宜……

妈妈说，每次被这位阿姨在街上抓住说话，就感到心里越来越憋闷，甚至有喘不过气来的感觉。因为她散发出来的负面情绪犹如决堤的滔滔江水不断涌来，将听她诉说的人团团包围，直至淹没。在那个年月，妈妈并不知道所谓远离“垃圾人”的说法，但是她根据自己的直觉就做了相同的选择，离这个阿姨远远的，尽量不打交道。

妈妈远离了这位“垃圾人”阿姨。但她的女儿就没有这么幸运了，她无法远离自己的妈妈。

碰巧，这个女孩小学时和我在同一个学校的同一个年级。她高高的个子，长得也非常清秀、漂亮。按理说，这样的女孩应该是男孩子争相“讨好”的对象。可是她却在班里默默无闻，甚至大家有时都感觉不到班里还有这样一个同学存在。她走路轻手轻脚，仿佛担心脚步声惊扰了别人，她说话轻声细语，别人要努力听才能听得清楚。总之，她的一举一动都像是在躲避什么，似乎努力让自己收缩到无人注意的角落。

过了几十年，现在我知道了，这个原本能够绽放美丽和自信的女孩落到这步境地，完全是拜她的妈妈所赐。每天回到家里，她无处躲避，只能不停地被动吸收妈妈身上散发出来的各种负面情绪和负能量。在这种环境中，她能够健康成长那才是咄咄怪事。

再回到文章开头那个例子，那个同为“垃圾人”的妈妈，与生俱来的母性让她为孩子的未来焦虑不已。但她不曾意识到，导致她的孩子未来不幸的最重要的原因，可能就是她自己。

父母就是孩子的成长环境。如果父母自己就是“垃圾人”，孩子只能在这个糟糕的“垃圾”环境中长大。

孩子无处可逃！

我们可以选择远离“垃圾人”，可是孩子却没有可能远离“垃圾父母”。

每个爸爸、妈妈都需要反思，自己是否是“垃圾父母”。如果是，请改变。无论过程多么困难和痛苦，只要努力，就一定能够成功。

无论我们是如何长大的，都可以通过学习成为称职、强大和充满爱心的父母。

——摘自《双向养育》

这不仅是为了孩子，也是为了自己。

写到这里，我脑海中浮现出一个令人作呕的父亲的形象。“令人作呕”这个说法有些刻薄，却逼真地勾画出这位父亲“垃圾父母”的“本色”！

2016 年炎热的暑假，我带着小女儿果果逃离了多雨、湿热的北京。到姥姥、姥爷那里和先过来的大女儿豆豆会合。姐妹俩已经将近一个月没有见面了，这是她们俩从出生以来分离最长的一段时间。每次视频通话时，姐妹俩都兴奋地相互挤眉弄眼。

姥姥、姥爷居住在一个山清水秀的县城，美丽的江水穿城而过。与多年前相比，整个小城变化很大。这里成了大城市的人们夏季避暑的目的地，因而也具备了许多旅游城市欣欣向荣的气息。宽阔的街道、美丽的沿江大道、与丽江古镇颇有几分相似的老街、街道上停放的各色外地车辆……

一天晚饭后，我和姥姥带着两个女儿沿着江边闲逛。小城不大，很快我们到了灯火通明、热闹非凡的体育场。有人绕着跑道跑步快走，有人在分拨打半场三人篮球赛，有人扇着扇子闲逛，当然最醒目的还是在中国大地无处不在的广场舞大妈们，和着震耳欲聋的音乐整齐划一地跳着舞。

但是，最吸引豆豆的，是体育场一角健身器材区的秋千。豆豆没有被其他热闹景象分散注意力，直接就来到秋千前，这是她的最爱。

秋千上已经有一个小男孩在玩，像以前在加拿大一样，豆豆站在一侧的柱子边静静地等着。她刚刚站定，一位妈妈带着 3 岁左右的女儿也来到另一侧的柱子边。我则站在秋千 5 米开外，看看会发生什么。

这已经成了我的一个习惯，在儿童活动的公共场合，观察孩子以及家长的行为。他们是否会排队、是否会争抢、是否会给孩子独自玩耍的自由……如果放在几年前，我这时通常会有些焦虑，担心那时候还有些胆怯的豆豆是否会被其他孩子欺负。

但是现在，我不再有这样的焦虑，更多的是冷静地观察。我告诉过豆豆，在公共场合玩耍时：

要遵守先后顺序，因为这是规则；当被别人抢了位置，不管对方是孩子还是大人，要勇敢维护自己的权利；如果对方坚持蛮横无理，不要争抢强求，去玩其他的东西。

可能有些父母会说，那怎么行呢？这样孩子不是吃亏了吗？是的，单

父母和孩子没有谁输谁赢，大家需要共同成长。

看这一件事情，孩子的确吃亏了，他们的小小心灵也会体验一次挫折。可是在他们未来的生活中，将会充斥很多这样的事情。孩子必须学会用何种态度独自面对挫折。是愤怒、屈辱、受到伤害、怨天尤人、拼得头破血流、勇敢争取，还是如若未果就不再纠缠，而是去寻求新的机会？这是每个孩子都必须经历的人生一课。

那个小男孩玩完后从秋千上下来了。豆豆刚要上前，另一侧柱子旁的一位妈妈已经麻利地把女儿抱上了秋千。

豆豆抬头对那个妈妈说："阿姨，我先来的。"

那个妈妈和女儿原本是站在秋千另一侧，她可能真的没有注意到这一侧已经先排队的豆豆。她有些不好意思地说："阿姨刚才没注意到，我们玩完了你来玩吧。"

于是，豆豆又退到柱子旁边继续等待。这时，另一侧的柱子边又来了一个5岁左右的小女孩，她不时伸手去碰触正在荡的秋千，一股跃跃欲试上前的架势。

那个妈妈指着这边的豆豆对小女孩说："这个姐姐先来的，我们荡完了这个姐姐荡，这个姐姐荡完了该你荡。"

那个小女孩收回了手，也开始静静地等着。过了一会儿，豆豆后面又来了两个八九岁的男孩和女孩，不知怎么的，那个小女孩和这两个男孩、女孩就谁先排队发生了小小的口角，你来我往打了一番嘴仗。小女孩一个人独自面对两个大孩子的勇敢，让我颇为敬佩。

一会儿，那个妈妈带女儿下来，豆豆坐上了秋千高兴地荡了起来。当豆豆荡完下来，那个5岁的小女孩抓住秋千的铁链刚要上去，她的屁股甚至已经挨到了秋千。这时，不知从哪个角落，猛地窜出一个男人，他把怀中一个3岁左右的男孩一下放到秋千上。由于这个男人的姿势如此迅猛，小男孩的膝盖把原本几乎已经要坐上秋千的小女孩推得向前打了一个趔趄。

我连忙上前扶住那个小女孩，有些生气地对那个父亲说："这个小女孩已经等了半天了，您怎么能插队呢？"

那个父亲一愣，没料到小女孩竟然还有“援兵”。估计他已经在一旁观察了半天，认定小女孩是独自一人。不过他马上从我的话里判断出，我并非孩子的父亲或者家人。马上，他原本有些惊愕的表情变成一种自我解嘲的嬉皮赖脸。

我们对这种表情太过熟悉，这可以在许许多多国人脸上看到。当你去指责他们插队、违反规则、占小便宜、不遵守公德时，总是会看到这种表情！

这种令人作呕的表情！

那个父亲说：“没事的，我认识这个孩子。”

什么逻辑？仿佛认识这个孩子就为他以大欺小、恃强凌弱提供了合理性。我对他是否真的认识这个小女孩打了一个大大的问号。

我说：“您认识这个孩子也不能插队呀，她已经排了半天队了。”说话时，我一直扶着那个小女孩站在秋千前，我从小女孩的表情能够看出来，她希望我能帮她“主持公道”。

那个父亲脸上继续堆着那副令人作呕的嬉笑：“我孩子就玩一会儿，就一会儿，很快的。玩完就让这个女孩玩。”

我还能怎么做呢？继续和这个男人理论？不会有结果的。我把小女孩带到柱子旁，蹲下来对她说：“这个叔叔带这个弟弟玩完你再玩，好吗？”小女孩默默地点了点头。

当我带着豆豆离开时，那个令人作呕的父亲，那个男人，已经开始笑呵呵地推着儿子荡起了秋千。

在中国，到处可以看到这样的父母，毫无疑问，他们是爱自己的孩子的。他们不让孩子等待，为孩子争取最好的蝇头小利。这样的人如果当官，那必定是欺上瞒下、趋炎附势、作威作福、贪污腐败。大家都在谈中国人的劣根性，其实大可不必做高大上的剖析，在一个小小的秋千前，我们就能够明白这种劣根性为什么代代相传。

父母是孩子最重要的人生榜样。

——摘自《双向养育》

我不知道这个父亲3岁的儿子对这件事情有什么感受。但我确信，当这个小男孩开始享受荡秋千带来的愉悦时，他会开始懂得一个“道理”：原来插队带来的结果如此美妙！我还确信，他的那个令人作呕的父亲，会有不少于1000个机会，向他展示为什么不遵守规则、秩序和公德是多么诱人的一件事情。

有这样一个父亲，我们还有多大把握，指望这个男孩将来成长为一个有责任感、自律和健康自尊的人？

教室里，我们的老师对孩子谆谆教导，要做一个“五讲四美三热爱”的人；过街天桥、楼房外墙、大型广告牌上无处不在的横幅、标语教育人们“公德装在心中，文明贵在行动”“知荣辱，重道德，讲文明，树新风”“社会公德，从我做起，从身边事做起”……可悲的是，所有这些，都不及一个父亲在秋千前为孩子谋取的不义之利！

不要再一心想着去教育孩子、改变孩子了。父母还是先“拯救”一下自己吧，至少，先跳出“垃圾父母”的泥潭。

用正确的方式给孩子引导和鼓励

2016年我带着两个女儿到爷爷、奶奶家过暑假，我弟弟的两个孩子也在这里过暑假。小朋友们碰到一起，就兴奋地蹦呀跳呀，开心得忘乎所以。4个小朋友就自然分成两拨，年龄相差1岁的萱萱和豆豆像两个小闺蜜，脑袋碰着脑袋，嘀嘀咕咕开始聊起学校里的“家长里短”。熹熹和果果则开始在屋子里大呼小叫地跑来跑去做游戏。

每次带孩子到爷爷、奶奶家，也是我影响老爸、老妈的好机会，说白了，就是给他们唠叨如何正确养育孩子。并且，全部都是根据他们自己提供的活生生的“现行”案例，“有礼有节”地摆事实、讲道理。小时候一直被他们教育，现在轮到我反过来“教育”他们了。老爸、老妈的思想也非常开明，都会认真倾听，虚心接受。

一天晚饭时，一大家子人又热闹地围在饭桌边。有4个孩子在一起，那吃饭就不再是单纯的“吃饭”，而是混杂着演讲、争论、斗嘴的“四国演义”，还有爷爷、奶奶两个“超级大国”夹杂其间的催促、表扬和调停。

萱萱开始了一个新话题，关于学校里发生的事情。这也是她这个年龄的女孩子最喜欢说的话题之一。她说的大意是学校有些事情不公平，她为此不满，甚至还有些生气。萱萱个性要强，做每件事情都非常认真，无论学习，还是画画、上课外班，她都尽力做到最好。她关心别人的感受，懂得为别人着想，同时也有一颗敏感的心，对一些事情会记在心上，有时还会为此闷闷不乐。

奶奶听了萱萱说的话，对她说：“萱萱，奶奶给你说，你什么都好，可是你这个‘小心眼’也要改一改。”

萱萱听了奶奶的话，皱起了眉头，嘴巴也噘了起来：“奶奶就知道批评人！”

“奶奶不是批评，是给你提建议呢。”奶奶满脸的无辜。

“就是批评，说人家是‘小心眼’就是批评！”萱萱不依不饶，显然对于“小心眼”这个头衔耿耿于怀。

嗯，多好的机会呀！我心里一阵窃喜，马上介入。

我说：“萱萱，如果别人做了一件事情，这件事情并不是针对我们，可是我们因为看不惯，结果气得够呛，你觉得怎么样？”

萱萱说：“这样不好，我们不应该生气。”

我说：“对，大伯同意你的观点。我们不要被别人做的事情、说的话影响，如果我们因此而生气、苦恼，那可真是自己和自己过不去。如果我们觉得什么事情对自己不公平，可以怎么办呢？”

萱萱想了想说：“我们可以不管别人，做自己的事情就好了。”

“对呀！”我表示非常认同，“最好的办法，就是不被外部情况影响，自己努力做得更好，用事实证明自己就好了。”

萱萱认真地听着，抿着嘴不住点头，一副“大彻大悟”、下定决心的样子。

我笑着问：“萱萱，你觉得奶奶和大伯给你说的是不是同一件事情？”

萱萱想了想，然后对奶奶吐吐舌头，用“语重心长”的口气说：“奶奶，您听听大伯说的话，您要向大伯学习！”

“好，好。”奶奶说，“奶奶做得不对，奶奶一定改。”

晚上，老妈坐在床上叠收的衣服，我也在一旁坐了下来，边帮着叠衣服边开始说：“妈，今天您给萱萱说不要‘小心眼’，人家不高兴了。”

老妈说：“我还不是为了她好！一点小事就记在心里，总是忘不了，还会生气，这不就是‘小心眼’嘛！”

我问：“是啊，您说得没错。可为什么您一片好心，人家还不高兴呢？”

老妈说：“萱萱不愿意被人家说‘小心眼’呗！”

我说：“对呀！您一辈子做事情风风火火，最受不了别人磨磨蹭蹭，可是如果有人说您做事情‘毛手毛脚’，您高兴吗？”

老妈毫不犹豫地说：“那我当然不高兴了！”

我赶紧接茬说：“对呀，您不愿意被别人说‘毛手毛脚’，萱萱也不愿意被别人说‘小心眼’，我们谁都不愿意被别人批评。即使知道自己的确不对，心里也会抗拒的。”我又引经据典，“我学习双向养育，里面有一句话，如果我们有礼物要馈赠给别人，就要用对方能够接受的方式送出去。您是为了萱萱好，可是用的方法不合适，不但起不到正面作用，还会遭到萱萱的抵抗。”

我们应该以他人能够接受的方式馈赠礼物。

——摘自《双向养育》

这正是许多养育问题产生的重要原因。“我这是为了孩子好，可是他们怎么就不明白呢？”我听到太多父母咨询时向我这样抱怨。

我不怀疑这些父母“爱”的善意初衷。同样，我也不怀疑这些父母采用不恰当的方式向孩子释放善意。最终，一个善意的初衷收获的是一个怨恨的孩子和焦虑的父母。

我们常说“赠人玫瑰，手留余香”，可是，当我们真的有玫瑰要赠予他人，我们知道应该怎样送出去吗？对方是否会闻到玫瑰的芬芳？还是会被玫瑰花的刺扎破手指？

当父母发现孩子的“错误”或“不良”行为（之所以打引号，是因为很多时候用大人的标准评判孩子的行为并不合适）时，我们的目的不是批评、指责和惩罚，而是帮助他们学会用正确的态度面对问题以及懂得什么是合适的行为。但是，如果一个人自己不想改变，没有人能够迫使他真的改变。只有使用正确的方法，引导、鼓励孩子自己进行思考并得出解决方案，才能真正帮助他们健康成长。

下一次，当我们想赠给孩子玫瑰时，请小心不要让刺扎了孩子的手。

培养孩子的界限感

一天，我从幼儿园接了果果后带她去附近的购物中心。楼上楼下各个专卖店东挑西选，终于给果果买了3条小裙子。这时，我俩都已饥肠辘辘了。

刚好经过一家黄太吉店。对于用互联网思维卖煎饼果子的黄太吉，早已如雷贯耳，但还无缘享用，于是带着果果过去点餐。20分钟后，我还在细细品味黄太吉煎饼里的薄脆和路边早点摊上的薄脆有何不同，果果已经刨完了一小碗米饭。

她对我说：“爸爸，我想要糖。”

在点餐柜台上的一个小碟子里，放着许多简易包装的薄荷糖，供顾客免费取用。出于对蛀牙的担心，平常我们是不给姐妹俩买糖果吃的，这种餐厅的免费薄荷糖就成了她俩的“猎物”。平常都是姐姐拿了分给果果，现在姐姐不在，她来寻求我的帮助。

我问：“我们俩谁喜欢吃糖呀？”

“我。”果果非常坦诚。

“爸爸喜欢吃糖吗？”我接着问。

果果回答：“不喜欢。”

我继续问：“是宝宝想吃糖，所以要糖是你的事情呀，为什么让爸爸给你去要呢？”

果果一时无语，眼珠转了一圈说：“糖太高了，我拿不到。”

哈哈，这个小伎俩可难不倒我。

“这样啊！你可以让阿姨帮你拿呀！”我非常“热心”地给她出谋划策。

果果想了想，看了看柜台上的薄荷糖。哎呀，糖果的吸引力太大了！她自己从椅子上爬了下来。

我追问一句：“宝宝，你准备要几颗糖？”

果果肯定地对我伸出一根指头。

她走到柜台前，等着收银员阿姨收完钱。收银员看见果果站在柜台前看着她，就笑着问：“小朋友，你想要什么呀？”

果果轻轻地说：“阿姨，我想要 1 颗糖。”

收银员热心地递过 3 颗糖，说：“多拿几颗吧。”

果果说：“我就要 1 颗，谢谢阿姨。”

然后，就一蹦一跳地跑回来，兴奋地向我展示手中的薄荷糖，让我帮她撕开包装。

过了几天，下了一夜雨，早上起来外面更是大雨倾盆。北京再现看海模式。

果果醒来看到外面在下雨，欢呼起来：“今天可以打伞去幼儿园喽！”孩子就是这样，和成人思考问题的角度完全不同。当我们为下雨带来的诸多不便皱紧眉头时，他们却能为可以玩水而雀跃。

她自己迅速穿好衣服后，跳下床先跑去拿出自己的小伞。她这把心爱的小伞买来两个月还没有派上过用场呢。好像生怕丢掉，她抱着小伞和我一起刷牙、洗脸，然后换上鞋子准备出门。

我从抽屉里拿出一把咖啡色的折叠伞。果果看见了说：“爸爸，咖啡色的伞不好看，你还是拿蓝色的伞吧。”

蓝色是果果最喜欢的颜色。

我蹲下来对她说：“谢谢宝宝给爸爸提建议。宝宝有宝宝喜欢的伞，可是爸爸用什么伞是爸爸的事情。爸爸最喜欢这把咖啡色的伞了，它很大，可以把爸爸全部罩起来。”

果果一笑，说：“好吧，我们去幼儿园吧。”

每个人在社会上生活，都需要有一个属于自己的安全空间。这个空间外围的那条线，就是我们的个人边界。在个人边界之内，我们有自由控制、支配自己的活动和选择，并因此感到舒适和自在。一旦有人突破这个边界，侵入我们的私人空间，我们就会感到被冒犯、被干扰、不安、不舒服、别扭。

我们有一个普遍观念：我们和外人之间需要把握好安全距离，不能贴得太近，给对方造成压迫感和侵略感；但是，家人之间却无须对所谓的个人边界那么在意。很多人甚至认为，既然是一家人，就应该不分你我、不分彼此，这样才显得关系亲密、家庭和谐。

事情真的是这样吗?

如果是侵略性的、恶意的或者违背对方意愿的个人边界侵犯，我们当然知道是错误的，比如偷看初中孩子的日记；上小学的孩子因为生气不让父母进自己房间，但是爸爸却强行进去斥责孩子。

但是，更多侵犯个人边界的行为却是在我们不知不觉、毫无察觉之间发生的，甚至还披着“爱”的外衣。

5 岁的儿子在玩拼图游戏，可是半天也拼不成功，气得哇哇大叫，后来竟然急哭了。你看了心里实在不忍，就过去说：“妈妈帮你。”然后，手把手很快帮孩子拼成一幅完整的图画，儿子高兴地拍手叫好，你也很高兴。

——拼图是孩子的事情，他们为此经历失败是重要的人生课程，他们会因此体验到什么是挫折；如果通过自己的努力获得成功，他们更能感受到坚持和不放弃的价值。而因妈妈帮助拼好图画带来的笑容，其实是温柔地剥夺了孩子积攒自信和抵挡挫折能力的机会。

家里只有 3 个橘子了，爸爸、妈妈和 3 岁的女儿一人一个。女儿吃完一个橘子后说：“橘子太好吃了，我都要吃完。”爸爸、妈妈很高兴女儿今天吃橘子这么香，笑着看着女儿吃完另外两个橘子，满脸幸福。

——父母不仅要尊重孩子的边界，也要尊重自己的边界。这样会给孩子做出榜样：我们每个人，都要爱自己。虽然爸爸、妈妈爱你，但你也不能无所顾忌地心中只有自己，也需要尊重父母的需求。橘子你可以吃，但是要提前征得爸爸、妈妈的同意。懂得这一点，将帮助孩子学会未来在社会上如何与人相处。

上周末去天坛公园，进了东门看到有许多人聚集。过去一看，原来是一大群年迈的父母，他们拿着自己子女的个人资料在帮孩子相亲。在人群中穿行而过，看着地上摆着的子女身高、长相、收入等信息，听着这些父母们的聊天，我不禁想，他们的子女在家里要承受多大的压力啊！

——在孩子成年后，很多父母仍然在以“爱”的名义侵犯子女的个人边界。成年的孩子，完全可以为自己的生活做主，他们做出选择并为之承担责任，才能成为真正独立的人。

父母教孩子了解边界的最好方式就是亲自表率，不仅尊重他人边界，也要求自己的个人边界得到尊重。

——摘自《双向养育》

在相互尊重的前提下，“爱”才不会成为伤人的牢笼。帮助孩子学会尊重别人的边界和自己的边界,他们会因此知道什么是我的,什么是别人的,什么是责任感。他们自己成长，走与众不同的人生道路，最终才能成为真实的自我，成为自己人生真正的主人。

让孩子沐浴倾听的阳光

周日晚饭后，我们将餐桌收拾干净，然后一家人围坐在桌边开始了一次正式家庭会议。果果也新奇地趴在桌边做“观察员”。

此次家庭会议的议题是本周豆豆每日任务的完成情况。

回国已经 1 年多了，豆豆现在上三年级，学习情况与刚回国相比好了许多，能够自己主动独立完成作业。我们也在逐渐给她提出更多要求。可是从开学到现在，一些她本应完成的事情并不能主动完成。于是我和她一起沟通并确定了每天的具体任务清单，包括完成作业、跳绳、练琴、阅读和收拾自己的房间，等等，并设计了一张表贴在墙上，每天睡觉前对完成情况打钩。

一周过去了，豆豆在一些任务上执行得并不好。由于一直在学习和使用双向养育法，其中专门介绍过通过正式家庭会议解决问题。于是我和夫人商量好，周日晚上召开正式的家庭会议讨论豆豆日常任务的完成情况。我们还商定了原则，给她时间自己评价执行情况、分析原因并提出下一周的改进方法，多听听她的想法。

会议开始了，我们先拿出本周任务清单，对豆豆说："你先自己说说这一周的完成情况。"

豆豆怯怯地说："完成得不好。"

我指着任务清单表中的许多空白问她："你能自己分析一下为什么这几天这几个任务没有完成吗？"

豆豆低下了头，神情很拘谨地想了想，说："我脚扭了，一跳绳就疼。"

听到这里，我有些恼火。因为除了跳绳，阅读、练琴、收拾房间等其他几项完成得也不理想，这显然是避重就轻。

我先平静一下，然后用尽量温和的语气问："爸爸、妈妈让你做的这几件事情，你能做一个重要性排序吗？"

豆豆想了想，给出了她的排序。

我对她说："这是你的排序，你看，这是爸爸、妈妈的排序，和你的不一样。你知道为什么吗？这是因为……"

我开始摆事实、讲道理，给她详细分析设定每项任务的原因，对她未来的影响，以及考量各种因素后的综合重要性。具体涉及良好人生习惯的培养、阅读爱好对学好各门功课的帮助作用、现在努力学习对未来考上好大学以至于找到好工作的影响、学习音乐对陶冶情操的重要性……

豆豆一直听着，有时显得认真，但偶尔好像又有点儿走神。所以，我们会不断问她："这个你同意吗？""你觉得是这样吗？""这个你听明白了吗？"她一律点头表示认可。

做了一大通分析和旁征博引，我们又对她提出了下一周的具体要求以及如果完成情况仍不满意会有什么后果。豆豆没有反驳，一一点头接受。

第一次家庭会议就这样达到"预期目标"，"胜利"结束了！

可是，就在会议结束的一瞬间，我猛然想到，原先不是要让豆豆多说吗？不是要多听听她的想法吗？可是半个小时的会议，她说话的时间加起来还不到 5 分钟。整个会议时间基本都被我和太太两个人瓜分了。

为什么我们在长篇大论宣讲时一点儿都没有察觉？当时甚至还自我感觉不错？反思一下自己的所作所为，再看看周围家庭的情况，这其实是一个普遍现象。

每个父母养育孩子的方法，都会深深打上他们父辈抚养他们的方法的烙印。这是人性使然，谁都无法逃脱。我们无法使用我们不曾掌握的方法。如果除了专制型养育法，我们不知道还有其他更好的方法教育孩子，即使有一些自己的反思，传统专制型养育方法仍然会影响我们的行为。我学习和实践双向养育法很多年了，甚至还成为双向养育法的认证导师，但还是在不经意间违背了它的原则，重新拾起专制型养育方法的"大棒"。

专制型养育方法在中国历史悠久，其最基本的特点就是父母的权威不容置疑，孩子必须完全听从父母的教诲，不能有不同意见，否则就会受到惩罚。中国的学校教育在本质上也是如出一辙，所有的孩子都必须用同样的中心思想解读课文，用相同的观念理解历史，用整齐划一的操练抹杀个性的光辉。

我对豆豆说话的声音尽管柔和，态度虽然友善，但都不过是在专制型养育法外面套了一件稍微光鲜的外衣而已。我们没有给她说话的机会，只是一味地在向她灌输和填充我们的想法，试图用我们的思维和观点去武装她的大脑。我们忘记了问她的想法和感受。其实，我们不曾忘记，而是根本不觉得需要去了解她的想法和感受，我们认为她只需要接受我们的想法和价值观就能无往而不胜、化荆棘为坦途。

多么好笑的一厢情愿啊！

在双向养育法中，认真倾听（Receptive Listening）是非常重要的技巧，但又完全超越了技巧以及养育的范畴。学会倾听孩子的声音是父母能给予他们的最宝贵的礼物，因为这代表了父母对孩子的爱。

任何行为都是表面现象，试图通过直接解决行为问题处理冲突和矛盾都是徒劳的。因为所有行为都源于我们无法直接观察到的想法、感受和未被满足的需求，这些深层次的问题不解决，行为问题即使一时应付过去，也一定会再次卷土重来，甚至变得更加严重。如果我们发现孩子出现了行为问题，最要紧的事情就是看到孩子在表面之下隐藏的想法、感受和未被满足的需求。而做到这一点的最佳方法就是认真倾听。当我们闭上自己的嘴巴，把说话的时间交给孩子，以尊重、平等的态度面对他们，他们说出的内容一定会给我们以震撼。我们可能会发现对面坐着的竟然是一个完全陌生的孩子，他们有如此丰富的思想、异想天开的见解和细致入微的观察。

但不幸的是，绝大多数父母对孩子做不到认真倾听。他们认为这是浪费时间，认为孩子只要听从自己的指导就可以，他们不需要那么多的胡思乱想。另外，现在的父母太过繁忙，拖着疲惫的身躯从忙碌一天的单位回到家中，对孩子出现的任何问题都希望以“短平快”的方式尽快解决。我们总是急于从问题直接跳到解决方案，仿佛孩子的问题是一个软件 bug（故障），通过简单的激励、惩罚或者严格要求就能处理。但是，我们忘了，孩子虽然年龄小，也是有独立意识和自由思想的人，他们有千百种方法进行“抗争”。如果不明了他们的深层想法、感受和需求并在此层面解决问题，他们必定会给我们造成更大的困扰和忧虑。

没有真正的倾听，任何人与人之间的关系都不可能健康。“听”在这里不是泛泛地听，而是用心、专注地倾听，认真记住对方的话，细心品评，并表示我们已理解了所听到的内容。倾听是向对方表明——“我非常关心你，我愿意花时间真正听听你想说的事情”。所以，认真倾听也是一门人生的艺术，一旦掌握，孩子未来将受益无穷。马背上长大的孩子不会打鱼，渔船上长大的孩子也不会放牧。同样，我们也不能奢求一个从来没有被人倾听过的孩子去倾听他人。父母是孩子最重要的人生榜样，我们以尊重的态度认真倾听他们的声音，他们也能学会尊重他人和认真倾听。

果果两岁半的时候，有一次从幼儿园回来，兴奋地给我讲当天发生的好玩的事情。我一边听，一边不时地看手机。

突然，果果停了下来，认真对我说："爸爸，我说话的时候你要看着我。"

我大吃一惊，想不到两岁半的果果会这样严肃地说出这样的话，提出这样的要求。我放下手机对她说："好的，爸爸听宝宝说话，不看手机了。"

从那以后，我知道即使再小的孩子，也会希望别人对他报以尊重和关注。在和果果聊天、做游戏的时候，我再也没有分心做过其他事情。

对于倾听，我们要问自己的另一个问题是：孩子说话时感觉安全吗？

有些父母会认为，让孩子开口说话并非难事，给他们时间就可以了。事情远没有这么简单！孩子说的是真话还是假话？是自己真实的想法、感受和需求，还是经过加工、过滤和编辑的内容？我们不能指望一个人在没有安全感时会和盘托出自己的心里话。孩子虽小，但他们感知环境和学习的能力非常强，他们会评估环境是否安全，自己是否应该说出实话。

看看下面这个例子。

爸爸满脸倦容地下班回家，发现客厅的台灯打碎了。

爸爸问6岁的儿子："是谁打碎了台灯？"

儿子说："是我在家里玩球不小心打碎的。"

爸爸听了马上从疲惫模式切换到暴怒模式，对儿子厉声呵斥："不是早就给你说过不能在屋里玩球吗？怎么还玩？还把台灯打碎了！把皮球收起来，罚你下周不能玩。"

这时，儿子已经委屈得眼里噙满泪水。可是，爸爸还不解气，想了想又补充道："这个周末我们也不去吃麦当劳了！"

听到这里，儿子委屈地大哭起来。他没有因为说实话受到表扬，反而因此受到了惩罚。

下一次出现同样的问题，不难想象，爸爸会从儿子那里听到这样的回答：“我不知道怎么碎的。”“是小狗把它碰碎的。”“是弟弟打碎的。”……爸爸用自己的实际行动关上了孩子说实话的大门。

当我们向他人吐露心声之前，我们首先需要建立对对方的信任。如何正确做到认真倾听呢？最重要的是在对方心中建立安全感，他们可以信任你，与你分享自己的想法。你需要听清每一个字，注视对方的眼睛，观察他的每一个身体语言。

以下是我对父母的几点建议：

孩子的想法也是想法

这似乎是一句废话。但是，这实际上表明了父母对待孩子的一种态度。我们是把他们当作人格独立和拥有自由意志的个体，还是当作对自己言听计从的提线木偶？如果是后者，他们拥有什么样的想法就会无关紧要，我们也没有兴趣了解，他们只要听从指挥即可；如果是前者，我们就会以尊重的态度去了解他们的想法、感受和需求。唯有如此，信任才能建立，安全感才能营造，孩子也才能放心地敞开心扉倾诉。

不要做讨人嫌的“说教机器”

说教已经融入大部分父母的血液，我们寻找一切机会指出孩子的不足、指导正确做事的方法、传授做人的道理……我们总是站在居高临下的位置，仿佛一部会发声的百科全书，如同电影《大话西游》中的唐僧一样，全然不顾对方的感受，仿佛我们说出来的东西孩子就一定能听懂、吸收并付诸实践。但现实正好相反，正常的孩子都会厌倦甚至厌恶父母喋喋不休的说教。这是人之常情。想想我们自己在工作中，如果老板总是对我们指手画脚，即使我们认为他讲的观点有道理，也会对这个人嗤之以鼻，明里不敢，但暗中总是要做的。所以，当我们再次想对孩子说教时，请忍住冲动，闭嘴，寻找更好的解决办法。

不要被现象蒙住双眼

急于求成会导致事倍功半，甚至南辕北辙。看到孩子的问题，父母往往对自己的解读盲目自信，没有做任何调查研究就直接开始解决问题。但是，如果没有深入现象背后的深层次原因，问题不会真正得到解决。所有分析都必须基于事实，而获取事实不能仅靠嘴巴，更重要的是依靠耳朵。这时，倾听更有力量。

通过倾听建立和谐的亲子关系

许多父母抱怨为孩子付出那么多，但是和孩子的关系却颇为紧张，总是发生冲突。建立和谐亲子关系的方法很多，但认真倾听无疑是最重要的方式之一。以接纳的心态敞开心扉，多听听孩子的心里话，真正了解自己的孩子。我曾经说过，旅行中一天对孩子的了解，可能超过平常一个月。因为在旅途中，父母不会催促孩子学习，全家人都在完全放松的状态下享受假期。由于没有压力，我们更能以平常心、自然心对待孩子，孩子也更容易在轻松、安全的环境中吐露心声。倾听孩子的心语，我们会发现，他们不是每天需要写作业、背诗、背单词、做算术和考高分的“学习机器”，更是一个爱护大自然、热爱小猫小狗、喜欢在草地上打滚、关心爸爸妈妈的小人儿。这种理解会拉近父母与孩子的心理距离，增进亲子关系。

接着讲前面说到的家庭会议后发生的事情。

家庭会议的第二天，天气比较热。我去接豆豆放学时，她将外套拎在手上走出了校门。她对我说的第一句话是：“爸爸，今天很热，我能吃个雪糕吗？”我知道，她最喜欢的娃娃头雪糕又在“引诱”她的味蕾了。好，没问题，感到热就吃个雪糕，另外“先连接，再管教”，就用娃娃头雪糕为我计划的后续谈话做个铺垫吧。

从回家路上的一个小店出来，我俩并排走着。豆豆在开心地吃着娃娃头雪糕。

闲聊了几句后，我问她：“昨天开家庭会议，你觉得爸爸、妈妈说得对吗？”

豆豆只顾着吃雪糕，头都没有抬，回答说：“对呀。”

“哦，可是爸爸还没有听你说说，为什么之前我们商量好的事情你不能完成呢？你现在告诉爸爸好吗？”

豆豆抿了一口雪糕，想了想说：“我觉得任务太多了，都没有时间下楼和同学玩，就不想做了。”

我说：“以前我们计算过时间呀，如果你从学校回来赶快做完作业，再做完其他几件事情，还是有很多时间可以自己安排的。上星期你写作业非常慢，有一次你一页口算做了将近40分钟，以前一般不用10分钟你就能完成的。你能告诉爸爸为什么会这样吗？”

豆豆说：“我都上了一天学了，在学校没有多少时间玩，放学一回家还要马上写作业。我写作业时楼下还有同学在玩，我就不想写了。我想下去和同学玩。”

由于担心玩耍耽误了写作业时间，我要求她放学回家后首先完成作业和其他安排的事情，然后才是她自己支配的时间。我也注意到她有几次写作业时会停下来望着窗外走神，或者摸摸手边的小东西。结果是写作业的时间严重延长，挤压了做其他事情的时间，也导致她每天没有多少时间可以自己支配。

于是我继续问她：“那你有没有好方法保证每天完成安排的事情呢？”

豆豆听到这里来了劲：“我想回家后先下楼玩，然后我再回来写作业和做其他事情。”

我听了有点儿担心，下楼去玩不就是放虎归山、野马脱缰吗？还能老老实实被叫上来写作业吗？我说：“这样的话，爸爸担心你可能没有足够的时间写作业和完成其他事情。”

豆豆见我有些怀疑，就肯定地说：“爸爸，你叫我我就马上上楼，并且我会快快写完作业的。我保证！”然后期待地看着我。

看着豆豆期待的眼神，我决定试着按她的建议改变做法，于是点头说：“好，就按你说的做，让我们看看效果怎么样。”

听到我同意了，豆豆兴奋得一蹦三尺高：“太好了，可以和同学玩喽！”

事情的结果是并没有出现我担心的情况。实际上，因为这个新的安排，豆豆体现出了更高的自律，写作业的效率也显著提高了，再也没有故意拖延和走神，而是集中精力尽快完成。因此，她也有足够的时间从容完成其他任务，并且，晚上一家人也有更多的时间一同阅读、做游戏和聊天。不仅能够轻松完成每天的任务，更重要的是，她更快乐了！以往面对作业和要完成的任务时的愁眉苦脸，被主动和积极的态度所取代。她甚至会对我说：“爸爸，你看看今天我能用多长时间完成作业？”

著名儿童心理学家让·皮亚杰说过：“玩耍是孩子的天职。”孩子爱玩，这是由人的本性决定的。我们天然喜欢放松、惬意、愉悦的享受，除非有坚定的信念和成熟的理性支持，否则，我们都会躲避艰难、严苛、痛苦的任务。传统上，我们认为“爱玩”总是一件有点负面意味的事情。如果孩子爱玩，似乎就要和不爱学习、不求上进画上一个约等号。但是，玩耍能让孩子进入更愉悦的精神状态，在这种状态下，他们更能体现出主动的意识和投入的态度，学习效率也会因之提高。这也是中国教育界反思过往教育积弊提出“快乐学习”口号的原因所在。

有人或许会说，严格要求孩子努力学习，掌握更多知识和技能，将来有个好前程、好生活，这不是为孩子考虑的“善意”吗？难道错了吗？这个初衷没有错，但是，情况果真会如我们的预期吗？

我们已经听到多少新闻，那些原本众人心目中的优秀学生做出令人匪夷所思的行为。在孩子眼里，这些不是善意，而是控制。“哪里有压迫，哪里就有反抗。”孩子也会用自己的方式对父母的控制说“不”，或激烈，或隐晦。他们可能变成激愤的斗士，用直接的抵抗应对控制，父母说东他们偏偏往西，父母的每一次控制升级都是他们上一轮战斗的丰碑。他们也可能采取以柔克刚的战术，用拖延、敷衍、谎言慢慢考验父母的意志，折磨父母的精神。但这些都不是最可悲的，最坏的情况是，面对父母的压倒性优势，孩子选择深深埋葬自己的真实自我和自由意志，努力成为父母期望和计划自己成为的那个人，那个中国父母心目中千篇一律、用一个模子刻出来的“理想孩子”：乖、听话、顺从。而在他们成为一个“理想孩子”的同时失去的东西如此宝贵，可能终其一生都无法重新拥有！

父母对孩子的养育和管教应该符合孩子心理的发展特点，应该带来孩子主动、积极的合作态度，并能塑造他们的健康人格。在孩子看来，给他们更多的自由，就是真正的“善意”。不要担心他们会滥用我们的善心，我们要相信孩子，除了知道自己最想要什么，当他们达到一定年龄和具备一定成熟度，也会知道自己应该做什么。他们会感谢和珍惜父母给予的自由和信任，作为一个自主的个体，做出合作的、负责任的决定。在这种环境中长大的孩子，更有可能成长为一个独立、自律、自主和有责任感的人。

最后，重温一则伊索寓言。

有一天，风和太阳为谁更强大争论不休。风说：“当然是我。你看那位穿着厚外套的老人，我打赌可以比你更快让他脱下外套。”说着，风便用力对着老人吹，希望把老人的外套吹下来。但是它越吹，老人把外套裹得越紧。后来，风吹累了，放弃了努力。太阳出来了，将阳光暖洋洋地洒在老人身上。没有多久，老人便开始擦汗，把外套脱下来。

面对孩子，我们是要做风，还是做太阳呢？

02 情绪

那些哭声告诉我们的事 // 郝景芳

情绪是信号，就像电脑的警示，提醒我们去注意什么地方出了错。

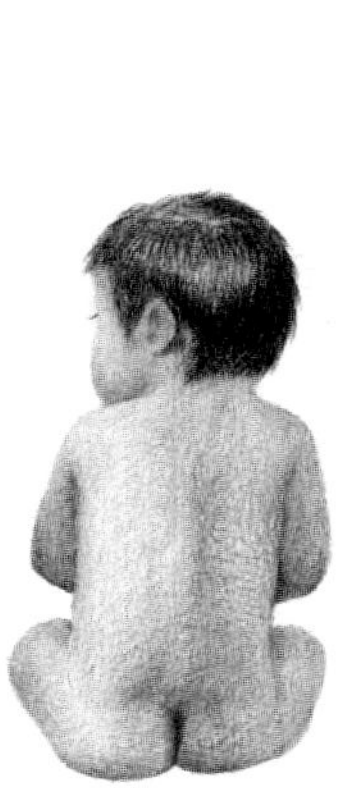

常听到这样的问题：孩子哭闹的时候，我们该如何应对？

这个问题一般会直接勾起每个爸妈脑子里鲜活的画面：小朋友因不知名理由受到刺激，一瞬间从笑着变爆炸，心碎地哇哇大哭，或者倔强地尖声大叫。父母很想要让他安静下来，却总是徒劳，好言相劝停不下来，大声痛斥却引起更强烈的反弹，到最后双方都精疲力竭。父母仿佛看见一个不知道内部机理的黑箱，按错了一个按钮就一直轰鸣，却又找不到关闭的方法。这时候，父母很难保持耐心，一两个回合之后，预设的温柔就土崩瓦解。

父母 ABCDEF：对对对，我家小孩就是这么坏脾气，让他干什么都不乐意，故意跟我们对着干，动不动就大哭。怎么对付这种哭闹？

这引申出下一个问题：当孩子情绪爆发的时候，如果我们自己忍不住情绪爆发，该如何处理？

这又会引申出一系列细节问题：如何让孩子情绪平静下来？如何让自己情绪平静下来？是否应该压抑情绪？如果不压抑情绪，任由情绪爆发吗？如果压抑了情绪，会不会影响孩子的人格形成？如果我对孩子发脾气，会不会影响我和孩子的亲子关系？怎样引导孩子？长大之后他能成为一个情商高的人吗？

这些问题不仅常见，而且都是带小孩的过程中非常重要的问题。

我们来一点点思索问题究竟出在哪里。

首先想一下，在孩子不听话和哭闹的过程中，作为父母我们感受到什么？

父母ABC：我的第一反应是，孩子越来越不听话了，该怎么做才能让他听话呢？

这种反应很正常，但我们首先需要问的是：孩子为什么要听话呢？

“听话”才是好孩子吗

人对事情的反应，都与自己的基础认知相关。如果我们的基础认知是“孩子应该听话”，那么他“不听话”就肯定是错误的，需要修正。

但是，是这样吗？孩子的“正常”状态是听话吗？仔细想想，我们会发现并不是那么理所当然。每个人都在过自己的人生，孩子有自己的喜好和决定，为什么一定要听大人的话呢？事实上，孩子是自我决定的主体，不听他人的话很正常，听话是需要各种理由的。

那么，孩子会出于哪些理由听话呢？

一个理由肯定是信赖大人。在无知的状态下，我们都会信赖专家。孩子如果觉得什么东西是自己不会的，什么地方是自己没去过的，那肯定会自动听话，相信并愿意学习大人的指教。但这一点在家里一般用不上，孩子自从自己能够行走和自理，就充分认为自己也是专家了，在家里要去哪儿、要做什么，再也不用仰赖其他专家。因此，我们看到1岁多的孩子开始强烈要求大人让出专家的位置。

父亲A：对，我家小孩就是从1岁多开始不听话的，什么都不乐意，什么都要自己干，我们稍微替他拿了什么就哭个半死。头疼。

另一个理由是怕大人。大人可以用两种基本方法让孩子恐惧，一种是直接责罚，打屁股或者大声怒吼，起到让他痛苦或者声称让他痛苦的效果；另一种是收回情感，告诉孩子如果不听话，就不会爱他了。这些惩罚的措施都会不同程度地给亲子关系带来负面影响，严重的还会给孩子性格的形成带来负面影响。

母亲A：嗯，我确实经常说“你要是不听话妈妈就不爱你了”，不过，这有什么问题吗？你知道熊孩子有多让人着急吗？不这么说怎么制得住？

第三个理由是想要获得好处。父母常常用好处诱惑孩子听话，不管是夸奖，还是物品。奖惩奖惩，有惩罚就会有相应的奖励，父母一般都会给出一些条件和奖品。尤其是很多排斥打骂的当代父母，在没有招数让孩子服从而又想让孩子服从的情况下，总是祭出奖励的大招，甚至是依赖于奖品：你现在去刷牙，我给你看动画片；你再看一会儿书，我给你买冰激凌。这是惩罚的一体两面：不听话，罚；听话，赏。

父亲B：昨天晚上我还用冰激凌哄孩子，让他好好睡、早点睡，有什么不行吗？

父母的奖惩策略

上面说的这些奖惩策略，有好处也有不好。好处是：某些时候好用。在一些必须要孩子听话而又无能为力的场合，可能只有这类法子有用。我们也不是完全排斥这些方法。

但坏处也很明显。首先是上面说的亲子关系的问题。我想我们都还记得自己小的时候，如果父母管着自己，不管是高压暴怒，还是唠唠叨叨讲一些不重要的好处，又或者是拿父母的经验充当专家指导我们，都让我们感到焦躁。温和的家庭出现摩擦，强硬的家庭出现对抗，极端的家庭孩子长大会加入“父母是祸害”小组。有的父母只是想让孩子听话，并没有恶意，但最终的结果是被孩子持续不断地怨恨。

母亲B：是，小时候我妈管我特别多的事，也不让我穿吊带出门，还看我日记，我不让她看，她就生气，跟我唠叨。我一上大学就再也不乐意回家了。

其次，即便父母“为了孩子好”，愿意承受亲子关系的破坏，还是可能遇到管束的无效。父母充当专家，一旦孩子觉得自己的知识、能力够了，父母就失去权威；父母靠武力和吓唬，一旦孩子感觉自己可以躲避，或是能力、体力达到对抗的程度，就不会再遵从父母的指令；而父母依靠奖励的，会迅速发现奖励无效，因为一个人会习惯，一旦孩子对某种奖励熟悉了，那就不太会起到刺激作用。父母为了让孩子接受指令不得不持续增加奖励，到最后没的可加，或者孩子压根就不再买账。外在的奖励还会阻碍孩子感受内部激励。

父亲C：是啊，现在的小孩什么都不缺，我给他买什么都只是新鲜两天。我跟他说，你做完这个大作业，咱们就去再买个变形金刚。他连变形金刚都不想要！

最后，更加重要的问题是，这些方法有可能不仅无效，而且甚至是问题爆发的来源。孩子情绪爆发有很多理由，其中一种可能性就是因为父母的奖惩：父母的惩罚或威胁引起孩子的愤怒反抗，父母的奖励如果不合意引起孩子的不满。也就是说，父母想让孩子听话的手段本身，有可能是不听话的重要来源。

换句话说，这些方式不是不行，但是比较低效，副作用也大。就好比在有电梯的情况下，还是有人爬梯子，又累又容易摔坏。一旦效果不佳，父母（或者老师）就会很困惑：现在的孩子精明，既不怕大人，又不买大人的账，没什么能治住他们的法子了，该怎么办呢？

有没有更好的方式让孩子听话呢？

父母为何强调听话

在回答这个问题之前，我们还是得回到前面的问题：父母为什么非要让孩子听话呢？

如果接受孩子是一个独立个体的观念，那么问题就来了：为什么让一个独立个体听我们的话呢？我们首先要解决 why 的问题，其次才是 how 的问题。

一个答案可能是孩子太小了，不懂对错，要由我们告诉他们。

这个假设在很多时候是对的。孩子小的时候，确实不懂一些事务的轻重缓急，需要抓紧时间的时候，却玩个没完没了，对健康的好东西毫不感兴趣，公共场合不懂得遵守公共秩序，诸如此类。在这种时候，父母可能确实需要一定的强制性，让孩子听话。

> 母亲 C：是这么回事。每次出门的时候她都拖拖拉拉，有时候还得哭一场。

但是不是总是这样呢？孩子是永远都无法自己判断吗？

如果我们观察一下就会发现，孩子最容易情绪爆发的时候，就是我们认为他无法判断、而他自己认为自己能判断的时候。从孩子一两岁开始，他就会觉得自己能知道应该做什么，想要做什么，因此，当他人来干涉的时候，总是用尖声惊叫来抗议。

所以很多时候，这是控制权的争夺，孩子认为“我能控制我的人生”，而父母始终要求由父母控制，孩子只是完成父母的要求。

问题首先就是对控制权的认知：谁该享有对孩子人生的掌控？孩子自己，还是父母？

第二种可能性是，父母想要优化孩子的人生。

当我们问父母为什么这些事情要强制，不能让孩子判断，很多时候，父母也承认孩子对自己的事务有判断，但是远不是最优的。孩子可能不知道怎样是最优的食谱、最优的作息、最优的学习方法，父母希望给孩子更好的方案，强行输入。

这里面核心的问题有两个。

第一个问题是，这个“最优”是否是真的最优？例如，父母觉得必须先看书再玩耍最合适，这种信念往往只是父母的个人意见，而在这方面父母是非常急迫的，有时在网络公众号上看到某些模棱两可的方法，就想塞入孩子的身体进行实践，有一种人间偏方全好用的迷信。父母的方案真的比孩子自己对自己的规划要好吗？

母亲D：我觉得人的生活态度和学习态度是一贯的，自己的东西不整理整齐了，怎么能让学习井井有条？所以，我要求孩子必须把文具摆整齐了。但孩子总不听我的怎么办？

另外一个问题是，即使父母的方案确实更优，给孩子的方式也分成许多种，同一种方案，建议和强迫是两种截然不同的态度。父母想给孩子制定更好的学习方案，这种心情可以理解，但执行过程中的强制和执拗才是冲突的来源。

还有第三种可能性，就是父母担心让孩子掌握控制权，对孩子的个性发展没有好处。

这实际上是我们最经常听到的反对，也是传统老一辈经常担忧的事情：怎么能让孩子做决定？如果全都听孩子的，长大了之后还了得，不是进入娇宠模式，就是进入小霸王模式。

母亲E：没错，我家老人最喜欢这么说了。还可能延伸到更坏的可能性：现在不听话，以后就不孝顺；现在不服管束，以后就作奸犯科。

是的，我们确实看到过一些熊孩子，在公共场合不能顾及他人，对父母和他人缺少基本尊重，或是长大之后做出反社会的举动。毫无疑问，我们不希望小孩子变成这样。

但问题是，这些熊孩子真的是因为父母控制得太少导致的吗？或者反过来问，父母减少对孩子的控制，就会导致熊孩子出现吗？

这是典型的过度推论，而且是没有论证的过度推论。如果说一个“完全听话的孩子”是“被动服从状态下的孩子”，是“被动的好”，那么，我们希望看到的是“自我负责的孩子”，是“主动的好”，而不是全然放弃期待和指导，更不是对不文明、反社会行为的纵容。这里面核心的对立是“被动”和“自主”。

自然状态下，孩子会变成熊孩子还是健康自主的孩子呢？它多少像是那种“自我印证的预言”。当父母对孩子有初始的稳定的信任，孩子会感受到这一点，觉得自己就是一个健康的好孩子，而接下来的生活会更积极，于是父母就更放心，更敢于放手。孩子会吸收父母对他的隐含假设。反之亦然。

父母要求孩子听话的另一种可能性是：担心让孩子掌握他的生活，就是自己的失控，而对失控有一种恐惧感。也就是说，有一些执拗强迫的父母，其实是内心不够安全。

什么叫内心足够安全呢？就是可以放心地接受生活中绝大多数情况，除了杀人、放火、吸毒，其他状态都有心理承受力，包括可能的失败与风险。而内心不够安全的父母，设想到风险的可能性，就觉得忐忑或焦虑，不敢迈出尝试性的步子。失控，就是对这种安全感的测试，试一试将控制权交出去，自己不制定和执行方案，而是看另一个人决定，哪怕是一个小小的人。他会决定怎样过生活？不知道。他会怎样安排？不确定。会不会出很多幺蛾子？有可能。这种前景对于不少父母而言是非常焦虑的，经常时时刻刻紧张于下一步发生什么。于是，他们拼命让小人儿按照自己设定的轨道运行，通过对确定性的预测让自己安心。这种情况对于具有完美主义倾向的父母最容易出现，他们并不是故意压制孩子，而只是把自己对不确定性的紧张转移到孩子身上。

父亲E：是的，我要是看到家里乱糟糟的，心里就很紧张。要是小孩的行为不可预测，不知道又要把什么东西乱扔，我就特别抓狂。

失控感和放心感，是对同一种现象的不同感觉，都是放手让别人做决定。前者是紧张，后者是轻松。失控感充斥的时候，也是一个人脾气最容易被点燃的时候。他并不是故意找碴，而是内心的紧张感已经像气球一样膨胀得要爆炸。

完美主义的父母，如果与孩子冲突严重，其实可以多花一点时间回溯自己完美主义焦虑的来源。试试失控会怎么样呢？其实不会怎么样。世界大多数时候是可以自动运行的。即便是不管不顾，也不会出现什么问题。

让孩子自己掌控人生

再回到前面的问题，孩子的人生控制权，应该掌握在谁的手里？

所有的孩子都希望自我掌控，这个倾向从他们一两岁就开始了，一直会持续一生。父母陪孩子长大的过程，实际上就是一个将控制权逐渐移交到孩子手中的过程。

自我掌控是人的一生中最重要的核心能力，它是需要锻炼的。孩子绝不是一放手就会学坏，但也不是一放手就懂得自我约束。他只是像刚刚会走路的1岁的孩子，摇摇晃晃，跌倒，爬起，走不好，但是还想走。

如果不把对自我的控制权给孩子，让他锻炼，那么他一辈子都无法学会自我掌控。如果不能给予孩子自我掌控的机会，他们会与父母陷入长期斗争状态，或者变得怯懦、自我压抑，不知道自己有自我掌控的能力。

另一方面，孩子的自我掌控感是一生成就动机的来源。

研究人类动机的心理学家发现，儿童幼年时期的经历，和长大之后无意识中潜藏的动机有很大关系。幼儿时期自己掌控生活的能力，与长大之后一个人的成就动机正相关。

而近年来受到普遍关注的心理学前沿“自我决定论”相信，人的内在动机主要有三部分：自主感、胜任感、归属感，其中自主感是核心中的核心。唯有发自内心的选择，才会让人有内在幸福的感觉。

如果希望孩子一生能获得幸福，应该早一些让他学会自我掌控。

自我掌控是一个过程，父母应该一点一点将权杖交到孩子手里。

孩子的心理每年都在发生变化。按照发展心理学所述，孩子 1 岁之前逐渐认识这个世界，1 ～ 2 岁之间开始认识自我，2 ～ 3 岁是自理与自我骄傲的发展时期，3 ～ 4 岁的时候对他人的内心想法有所了解，7 ～ 8 岁的时候能用符号运算理解世界。所有这些都是生命的展开，父母所需要做的既不是催促快长，也不是压抑慢长，而是跟随孩子能力的进展，把生命权杖逐渐交到孩子手里。

让孩子自控并不等于撒手不管。在成长的过程中，孩子必然有许多不能自控的地方，父母仍然需要给予保护和帮助。但是只要有这个意识，父母就可以及时增加放手的幅度，最终让孩子学会独立行走。

那么，父母怎么能够知道何时应该对哪些方面及时放手呢？

答案恰恰回到我们开头的问题：通过生活中的冲突和情绪爆发。

孩子想要掌控人生并没有问题，问题在于，在这个过程中如何沟通孩子的诉求和父母的要求。孩子的哭闹很多时候并不是坏的意图，而是不知道如何进行有效沟通。

以这样的视角我们会发现，绝大多数情绪爆发，都可以看成是孩子的自我诉求：孩子的自我想要生长，想自我掌控，孩子处理不好与世界之间的关系，因此用哭闹的形式来争取。

想要对这一点有更深的理解，我们首先需要明白情绪是什么。我们常常把关注点集中在“爆发”上，但实际上更重要的是“情绪”。我们首先需要理解什么是情绪，然后才会知道它为什么会爆发。

理解情绪：情绪是什么

在传统哲学和心理学里面，总是认为情绪和理智是两种不同的心智，当我们说“理性与感性”“‘认知—情感—行动’三角”，似乎都是说理性和感性独立，相互之间有一些影响。

将这种根深蒂固的二分法代入生活，就是对人的二分法、根深蒂固的二元论偏见。比如，我们常常听说一个人是“感性的人”或是“理性的人”，听说男人、女人分别代表理性和感性。所有这些日常生活的语言都太过于切割，仿佛人群真的能够分成两组不同的人，或是大脑能分成两种独立而不同的成分。这种二分思路代入历史哲学，会把启蒙时代称为理性占主导的时代，把浪漫主义时代称为感性占主导的时代。

但实际上，最前沿的脑科学和心理学研究对情绪有了很多新的认识，修正了书本中传统的对立。

情绪并不是理智之外的奇怪的东西，情绪是理智的重要一层。

> 《全脑教养法》[1]：把大脑想象成一座两层小楼。下层大脑包括脑干和边缘区域（杏仁核），负责人体基本功能、与生俱来的反应和冲动以及强烈的情感。上层大脑由大脑皮层及其各个部分组成，包括前额叶皮层，进化程度更高，控制着一些重要的高级分析思维功能。当上层大脑和下层大脑整合运作的时候，大脑运转最良好。因此父母的目标应该是帮助孩子建立并加固联结上下两部分大脑的虚拟阶梯，从而让这两部分大脑像一个整体一样运作。我们首先需要考虑起源于下层大脑的情绪和身体感觉，再通过上层大脑做出一系列的抉择。

---

① 《全脑教养法》，作者丹尼尔·西格尔，美国著名积极心理学家，哈佛大学医学博士，加州大学洛杉矶分校精神病学临床教授。

我们至少是在两个层面上做出这样的论述。

一方面，我们思考的时候，所仰赖的“素材”本身是情绪化感知的信息。

人的大脑分成许多层级，从所有感官的终端输入信号，我们感知的信息会汇总到头脑中感知情绪的结构（杏仁核和其他），然后再从这些结构出发，进入负责运算思考的皮层前额叶。而与此同时，思考和印象的结果也会回到情绪结构。

> 《心智探奇》[②]：我将说明的是，情感是一种适应，它是与理智一道和谐运行、设计良好的软件模块，它也是整个心智机能不可或缺的一部分。……动物不能同时追寻所有的目标。情绪是给大脑确立最高级别目标的机制。一种情绪一旦在恰当的时刻被引发，就会引出大量的目标和子目标，我们将其称为思考和行动。

顺畅的通路应是理性与情绪合一，理智、情感不是两条路，而是一条路：你思维想明白的，就是你情感上想要做的。

另一方面，情绪本身是与他人沟通的方式，是认知的外显和我们交流彼此认知的方式。

人与人之间的沟通，语言只是很小的一部分，有相当大的一部分沟通是无法用语言体现的，尤其是孩子，语言表达远远不能反映他们的内心思想，因此，情绪是他们重要的沟通方式。

实际上，对人类和动物物种的研究显示，情绪、情感和表情所传达的信号往往是准确和共通的，比语言沟通的交流效果更好。

---

② 《心智探奇》，作者斯蒂芬·平克，哈佛大学心理学教授，语言学习和脑认知科学专家。2004 年，当选《时代周刊》全球 100 位最有影响力的人物。2013 年，在《前景》杂志“最伟大思想家”评选中名列第三。

《心智探奇》：当然每种文化中的成员对各种情感的表达、谈论和行动的频率有所差异。但这与不同文化中的人的真实感情如何并无关联。有证据表明，我们这个物种中的所有正常成员的情感都是相通的。……对情感最容易理解的符号是坦率的面部表情。

父母常常希望孩子不带情绪（不许发脾气）、理智交流，但实际上，孩子的情绪本身，就是他们的交流方式。孩子的情绪不是坏毛病，而是他们特有的沟通方式。

想要抛开情绪，谈“理智的做法”，就像抛弃胳膊，用意念拿杯子，不是不够用力，但切断了通路，再用力也只是徒劳。我们的理智其实包括我们如何认知世界，如何认识周围的情况，如何认识自己。我们经常把所有的精力都放在寻找策略、如何行动上，却往往忽略了我们的行为和决策都是基于更深的认知和情绪上的。

《0~8 岁儿童的脑、认知与教育》③：幼儿很难学会处理困难的情绪，比如嫉妒和自轻，因此，他们在感到无助和不被需要的情况下，常常做出愤怒和痛苦的情绪反应。在周围成人不断的支持和帮助下，儿童也学会去管理自己的情绪。他们的情绪非常强烈（有时候甚至可怕），但成人的容忍和理解不仅能够帮助儿童意识到感受是可以容忍的，而且能让他们学会去改变自己的行为。在帮助儿童解决问题之前，非常关键的是，首先要承认他们的真实感受。一个生气的小孩需要感受到自己的愤怒能被人理解，即使自己的行为并不受欢迎。成人要帮助儿童理解：情绪无好坏之分，重要的是如何解决。如果孩子的愤怒或伤心（也包括快乐和喜悦）不被承认，那么他们可能认为自己是“糟

③ 《0~8 岁儿童的脑、认知与教育》，作者玛利亚·鲁滨逊，著名神经科学家，上海教育出版社，2013 年版。

糕的”，而没有意识到成人不喜欢的是他们的行为，而不是他们。

如果父母希望孩子的情绪缓和（不发脾气），更应该采取的办法不是制止表层（不许发脾气），而是找到深层原因（为什么发脾气），并引导孩子学会解决深层问题，这样才不会重复爆发（不需要发脾气）。

认知—情绪—行为，这是一个完整的链条，我们的行为和决策都是基于前两者之上的。

我们认为孩子在做什么是基于我们自身的理解，而这种理解可能会导致有些人很愤怒，另一些人可能会觉得这事太好笑了，这两种不同的情绪导致我们的育儿方法完全不同，所以我们只谈策略是不够的，只谈如何对待孩子是不够的，我们要去理解之前的情绪与认知。

“认知—情绪—行动”这个链条最好是通畅的，但是有太多因素会让其出现问题。

最简单的一种出现问题的情况来自于我们的生物本能：紧急战斗。这是身体的生理反应切断思维的情况：当你把一种事物判断为危险，你的理智就断了，就进入了“战或逃”的模式。

孩子的情绪经常说来就来、不受控制，报警系统迅速启动，就像远古的一只小动物，被愤怒、恐惧裹挟，用尖叫保护自我。大哭大闹都是正常的生物本能。人对危险最敏感，一旦报警系统启动，情绪就会大爆发。我们和孩子一样。

所以，想要减少和孩子的情绪大作战，最重要的是不要相互把对方当作危险。不要让孩子把我们当作危险，而前提是，我们也不把孩子当作敌人。孩子大哭大闹我们就如临大敌吗？其实，那是多么饱满鲜活的情绪，并不是坏的。我们可以认可或欣赏这种充沛的情感表达。我们先放松下来，孩子才会放松。

带小孩是最好的理解自我的过程。

情绪梳理：这是谁的问题

带小孩是非常容易让父母的情绪大爆发的，有时候突然很悲伤，有时候会很烦躁、焦虑，这些都是人之常情，与其纠结于怎样能够保持温柔和耐心，不如去更好地了解一下我们的情绪到底从何而来。

我们情绪的来源是过去的经验。过去不能当作“不存在”，它们以非常强大的方式存在着。学习育儿最常见的误区之一，就是只看应该怎样，不管历史和现状。这是很多道理无法实施的重要理由。

> 《婴儿研究和神经科学在心理治疗中的运用》[4]：很多记忆都是持久的，因为这些记忆具身[5]和那些密封着的浸染了强烈情绪反应的体验——因此叫情绪性记忆。状态依赖性记忆指的是在一个特定心理状态下被编码的记忆。如果个体在未来处于一个类似的状态时，这种记忆通常会被唤起。这种记忆尤其与成为父母后激活的自己年少时类似的状态相关。记忆是一个过程，而不是一件物品。它每次回忆时都会被重新建构，加入提取线索和个体过往体验的记忆。个体的记忆有其奇特性和主观体验性。情绪是心理治疗中最重要的组成部分之一。情绪一词，特指那些皮层下的，意识无法觉知的、通常是基于身体体验的那些感受。

在现实生活中，我们的情绪和行为来自于基础认知，又来自于幼年经历。

我们对“记忆”经常有种误解，以为它们就像计算机里的图片，或图书馆的书一样是静态的存储。但实际上，远不止这么简单。我们和记忆随时存在双向影响。一方面，记忆能改变我们的思维，能影响我们看待事物

---

④ 《婴儿研究和神经科学在心理治疗中的运用》，作者朱迪丝·鲁斯汀，临床社会工作者，同时在纽约主体间性精神分析研究所和精神分析心理治疗研究中心担任教职。

⑤ “具身”是心理学专有名词，英文为 embodiment，指的是和身体有关的心理现象。

的方式；另一方面，我们也能改变记忆，每一次回忆实际上都是一场建构。

对于那些与孩子的经常性的冲突，可以观察一下我们情绪的来源。有的时候就是太累或者工作繁多，但更多的时候，源于基础信念，又源于幼年经历。带小孩的情景会勾起很多我们成长过程中的记忆，我们再次经历这些情境时会一下子勾起当时的情绪。

它可以带出我们过去的内隐记忆，这种内隐记忆经常是与情绪相伴的，所以，当曾经的情绪遇到类似的情景就会被再度激活，我们称这种情况为状态依赖。

> 母亲F：当看到孩子跟另外一群孩子玩的时候，孩子稍微受一点委屈，我就会非常紧张，因为会回忆起自己曾经经历的类似的无助、委屈，但其实孩子是乐在其中的。

再比如，有的父母，只要孩子有一点没守秩序就很焦躁。潜意识的基础认知是：失控很危险。而更早的来源是童年：不守规矩就被严厉责罚。由于自己儿时的自由没有被温柔以对，于是负面看待自由，不能温柔以对。

所以，如果有这种情绪，在找对策之前，先要问问自己：让我们的情绪真正有巨大反应的到底是哪一点？这代表了我们什么样的基础认知？这样的认知是有效的吗？孩子把东西弄乱或者不愿意循规蹈矩，真的有那么严重的后果吗？实际上什么糟糕的结果都没有，而我们的恐惧来源于童年被责备的经历。

带小孩是最好的理解自我的过程。

情绪是信号，就像电脑的警示，提醒我们去注意什么地方出了错。

我们不用着急解决“情绪问题”，而是要抓住这个机会去感觉、思考。这是通向自我理解的最好的信号。

这是育儿中最重要的一步：育己。通过观察自己和孩子的互动反应，观察自己的情绪，能够让我们达到更好的自我认知，在这样的自我理解过程中走向更好的未来。

在这个过程中，我们也塑造记忆。科学家认为：回忆是一种主动构建。我们是组织头脑中的万千碎片，按照现在的方式，讲述过去的故事。记忆是一个过程，它每次被重新回忆的时候都会被重新构建。

我们可以认为，父母塑造了我们，也可以认为，父母扼杀了我们。这种判断影响到我们对待孩子的方式。真相是无法重演的，也并不重要，重要的是我们对过往记忆的解读。我们永远都可以积极重建过往经历，相信过去的一切造就了今天这样一个成熟稳定、为自己负责的自我。不必用怨恨和背离，把自己再次束缚。从记忆中走出来，对孩子也会少一点焦虑。

应对情绪问题：谁来接手

许多冲突并不是谁的错，只是我们用套路去理解孩子的语言。

孩子通过自己的眼睛来观察世界。他不懂得对事情进行全盘的综合考虑，也不知道要将事情按照重要性进行排序。他不会深思熟虑，一旦有了情绪反应，就会立即受情绪控制而无法逃脱。哭泣、喊叫、颤抖都是他表达痛苦、缓解压力和重新获得内在力量的方式。

我们的最大问题在于经验太多，遇事总忍不住落入过去的套路。而孩子的最大问题在于经验太少，遇事总按照一点点经验幼稚地解读。

孩子的头脑是全新的，他们缺少成人成熟的套路和逻辑，但是在他们头脑中，他们很容易把接触到的一些细节根据自己的想象补充成为一个大的图像。他不会深思熟虑，一旦有了情绪反应，就会立刻受情绪控制而无法逃脱。

《理解孩子的语言——孩子的笑、哭泣和害怕》[⑥]：孩子不懂得

⑥ 《理解孩子的语言——孩子的笑、哭泣和害怕》，作者伊莎贝拉·菲力奥沙，世界级心理学家，法国《心理月刊》杂志特约心理专家。

对事情进行全盘的综合考虑，也不知道要将事情按照重要性进行排序。他不会深思熟虑，一旦有了情绪反应，就会立即受情绪控制而无法逃脱。从另一方面来说，孩子倾向于赋予自己所经历的一切一定的意义，这是天性使然。他会用自己的方式来整合和诠释自己所感知的一切，其依据就是自己拥有的那一点点信息。孩子通过自己的眼睛来观察世界。我们要小心谨慎，不要对他的举动妄下结论。我们需要倾听他的心声，我们要努力弄清楚他经历了什么，明白他的感受。我们虽然无法猜出孩子的脑子里究竟在想些什么，但可以做到不忽视孩子的感受。

孩子常为小事赋予大意义。

天性使然，孩子倾向于赋予自己所经历的一切一定的意义。这个意义他们自己未必说得出，也不是按照全世界的标准去衡量，但是对于他们内心的小世界很重要。他们把每一件事当作自我的验证，把每一次失去当作失去全世界。如果满心期待的结果不能实现，对于他们而言，就是丢失了一个人生。他在随时随地探知自我和世界，探知自我的范围、世界的冷暖。他始终在问：我是有能力的吗？这个世界我可以探索或者改变吗？

所以孩子会为一点点小事痛哭，对于他而言，那是整个世界的崩溃。他并不完全了解事物的因果，会用充满魔力的方式填补逻辑的缺失。他可能担心父母永远不再回来了，可能担心失去小东西会影响未来。对于父母而言，我们没有透视内心之眼，没办法随时了解孩子心里的逻辑，但是我们至少可以尝试去尊重，不要太急躁地按照自己的逻辑定性。

孩子也会为了争取自己的一点小小的主权而大发脾气。发脾气固然是一件令大人讨厌的事情，但是如果考虑到孩子的心情，考虑到他是如何拼尽全力捍卫自己的一点小小的意愿，那么在某种程度上，这种情绪爆发也是值得理解和同情的。

孩子有他理解、解释世界的权利，也有尝试自己主导事情的权利。

虽然结果不一定好，逻辑不一定对，但这种尝试的过程还是很重要的。我们成年以后是否敢于给出见解，与从小到大得到的允许息息相关。孩子不可能生来就理解所有事，只有自我主导试错才能学会理解。重要的是，他尝试感知这个世界。这种尝试没有被嘲笑和批评所压制。

我们可以多给孩子一点空间，允许他对这个世界进行幼稚的想象，允许他情绪爆发，那只是不成熟，并不是故意耍赖。早晚有一天他会学会现实的平庸，喜怒波澜不惊，事情见怪不怪，他会失去那些改变世界的渴望，也失去情绪力，变得像我们一样。只有到那一天，才感到童年的可贵。在那一天到来之前，孩子仍是孩子，一言不合就哭闹，说明他们纯真，对这个世界仍然充满情感和期待。

该如何对待孩子的情绪

回到基本思维回路：在“认知—情绪—行为”的链条中，我们要弄清楚是哪里出了问题。

链条中，最难处理的是前半部分。如果“认知—情绪”环节出现了偏差，就是一个人看待事物出了偏差，将导致他陷入负面情绪无法自拔。如果是这种情况，就像慢性病，情绪会反复爆发或者经常性抑郁，这需要对情绪本身进行医治。

但生活中经常遇到偏差问题的，是链条的后半部分：“情绪—行为”。也就是说，情绪本身很正常，只是用不合适的行为方式表达。这种情况就不需要更改情绪，只是对行为加以约束就足够了。

什么叫“正常的情绪”呢？我们与生俱来的、本能的情感反应。生而为人，我们有七情六欲，愤怒是因为遇到挫败、不公正，悲伤是因为面对失去、感觉弱小，所有这些，都并不是错的、恶的。任何人都有权利生气、悲哀，有权利惊恐，有权利羡慕嫉妒恨。为何不能生气呢？当然可以生气。只要不以此伤人，就可以被允许。

《心理学导论——思想与行为的认识之路》[7]：除了我们自身的感受外，他人的情绪表达是我们对情绪最为熟悉的部分。心理学家认为表情之所以在人类进化过程中保留下来，是因为向其他人表达情绪有助于个体生存。表情能够帮我们预测他人的行为。那些有威胁性的脸可能预示着危险，所以我们对它们也特别敏感。压制情绪会对思维和记忆造成一定损伤，因为你得花费精力去控制住自己。将自己的情绪表达出来的人一般在心理和生理上都会更健康。

对于成年人，我们会见到违心的情绪，表面上是不屑，实际上内心是羡慕。但是所幸的是，孩子都很通透，当他呈现情绪，是真的那种情绪。当他气得不行，他是真的生气。当他悲伤、挫败，他也不加以掩饰。这些情绪本身都是正常的人性，所谓父母包容，就是包容此情绪。父母不应包容的包括哪些呢？最主要的，就是孩子的一些伤害性行为。孩子有任何情绪都可以包容，但并不意味着包容孩子的所有做法。小朋友可以嫉妒，但不能乱打人。父母很容易对此有所控制。

我们完全可以对情绪包容，对行为加以部分约束。

父母经常犯的错误刚好相反：对行为容易妥协，对情绪大加管理。

父母为什么不允许孩子不满呢？已经管束了孩子的行为，还不能允许孩子表达不满吗？孩子的自我受阻，当然有理由大哭，父母如果对这种哭泣加以包容、安抚，孩子更容易恢复，接受行为教导。情绪本无错，只是需要行为的转化。我们可以把愤怒变为动力，可以把嫉妒变为自我提升。对孩子也一样，需要一种升华。

以开放的心态倾听孩子的想法。

家长需要有一个开放的心态，就是倾听孩子的想法。如果孩子有不同

---

⑦ 《心理学导论——思想与行为的认识之路》，作者丹尼斯·库恩，是一本在美国使用者超过 250 万人的经典心理学入门著作。

的需要，我们可以适当地改变自己以前的做法，与孩子沟通的时候，尽量用疑问句，而不是质问，注意与孩子相处时的语言措辞。这样，孩子也会慢慢学会用语言表达出自己的想法，这也是一个逐渐生成的过程，不能急于求成。孩子慢慢地能够自我观察、自我讲述和自我理解。

促进交流最重要的一点是回应性，当说者发出信号，听者本该表示响应时却压制或转移，都不是好的回应。“积极聆听”是一种向对方求证的开放态度，可以回应说“我感觉你是这个意思”，也可以回应说“你是这个意思吗？”积极聆听可以复述，也可以提问。技巧不是核心，核心是基本的对话态度：是否以开放的态度对话。开放的态度就是不去预设答案和轻易评价。任何品头论足都会把倾诉堵回去。

当一个人试图表达自己，他最想说的是自己的感觉和逻辑。如果说的人还没有把自己的感觉说清，听者就做出自己的评价，那么倾诉者立刻会感到不被理解，倾诉的愿望也就立刻被压回去。积极倾听是努力接收孩子的信息，努力理解他的思路。

> 《儿童的一百种语言——转型时期的瑞吉欧·艾米莉亚经验》⑧：倾听应欢迎并开放地对待差异，承认别人的解释和观点的价值。倾听是学习关系的基础。通过行动和反思，学习便在主体头脑中发生，并通过想象和交流而成为知识和技能。我们在学校和家庭中可以给予儿童的最重要的礼物是时间，因为有时间便可以倾听和被倾听。当儿童把他们的心理图像或理论与别人交流时，他们同时也在对自己进行表述，发展更为自觉的自我意识，这就是儿童“内在的倾听”。教育者的任务不仅是允许儿童表达他们的差异，还要使他们有可能通过协商进行交流，对各自的想法加以比较。

---

⑧ 《儿童的一百种语言——转型时期的瑞吉欧·艾米莉亚经验》：成功的瑞吉欧儿童教育的理念精髓和实际经验。

为什么要这样费劲地沟通呢?

最重要的是，孩子会从中学会表达，而表达能形成自我观察和自我概念。孩子用语言描述发现自我的形状，我们也通过他的表达看清孩子的心。语言是有魔力的，它让人学会思考。一旦对话开始了，双方调动思维，情绪的冲动也就容易被理智取代。能够启动对话，是智慧处理的开端。

而在这个过程中，重要的是诚实。要让孩子学会观察自己内心的情绪、感受，用语言诚实地表达自己的感受，在这个过程中完成自我理解，并与父母沟通。切莫为了让孩子听从指令，而迫使他说各种违心的话。一旦孩子发现言语上的欺骗能获得父母的认可，他就不再把对话当作解决问题的方式，而当作遮掩问题的方式。这样固然能让关于一件事的争端看上去平息，却给后面的整个人生埋下了问题的伏笔。

因此，还是回到老问题：父母育儿的过程中最希望的是什么？是孩子听话，还是孩子自主成长？如果我们希望孩子能自主负责地长大成人，那就需要给他情绪表达的机会，给他犯错的机会，给他说出自我观点的机会。所有这些都需要长久、曲折的磨合，但都是值得的。

最后，我们总结一下我们的核心主张：

1. 孩子争取对自己人生的控制是合理的，孩子感受到痛苦、悲伤也是合理的。不需要对孩子的情绪爆发太过紧张，应允许孩子争取自主、表达感受。

2. 孩子的情绪爆发是他们沟通交流的方式，父母帮助孩子找到情绪背后的理由，学会应对情绪背后的问题，这才是解决情绪爆发问题的关键。情绪不需要压抑，只需要让孩子找到更好的表达方式。

父母与孩子的沟通是最重要的。只有用心聆听，只有沟通与协商，才能让孩子最终学会认识自我、控制自我。自我理解是自我疏导情绪的最基础步骤。不要让一时的急切，阻断了孩子的自我理解。

03

感官

唤醒他心中沉睡的巨人 // 馨心

故事、戏剧的方式，滋养着孩子，也滋养着我，

如同神奇的魔法，映射出我们心灵里面的图景。

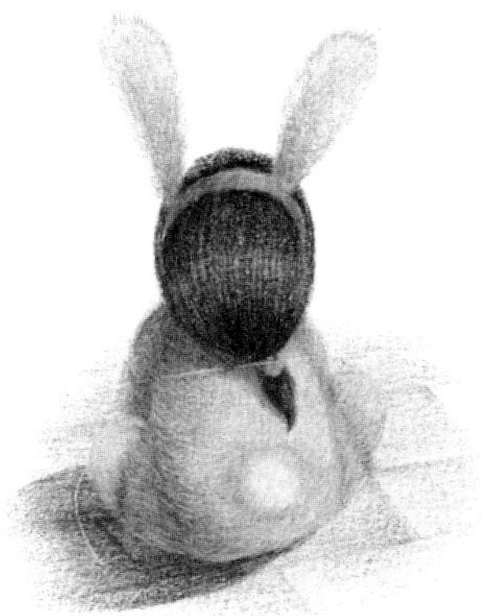

人智学的创始人鲁道夫·史坦纳[①]博士曾经阐述过教育和儿童早期教育的本质，他认为：

> 从本质上来讲，对任何阶段而言，没有任何一种教育能与自我教育相比，这一理论已在人智学里被深刻地认可，它是指通过对周而复始的人世生活进行精神探索所获得的有意识的知识。所有教育都是自我教育的教育。我们能做的仅仅是为儿童的自我教育提供一个环境，我们要给予儿童的最好的环境是：以我们自身作为桥梁，使儿童能遵循各自的命运来进行自我教育，这是教师对儿童应有的态度。（鲁道夫·史坦纳《儿童不断变化的意识》）
>
> 充满爱和温暖的氛围，周围都是一些可以模仿的好榜样，这就是适合儿童成长的环境。（鲁道夫·史坦纳《儿童的教育》）

作为父母又何尝不是这样。我们深刻反思、回顾自己成长的经历与心路历程：我们是怎么一步步走到今天，又是如何一天天长成这样的。我们想要孩子长成什么样子？我们自己是不是已经做到了？我们每天与孩子在一起，家庭的环境气氛，我们的言说行为，彼此之间相处的模式与关系，

---

① 鲁道夫·史坦纳（Rudolf Steiner，1861—1925），社会改革家、艺术家、教育家，开创了名为“人类智慧学”（简称“人智学”，Anthroposohy）的精神科学。华德福教育创始人。

我们能做哪些有意识的、有意义的、健康有利的事情，让我们自己以及孩子变得更好？

史坦纳多次提到的有利于儿童早期教育的本质经验，主要包括以下几个方面：

1. 爱与温暖
2. 对环境的关注与对感觉的培养
3. 具有创造性与艺术性的体验
4. 值得儿童模仿的有意义的成年人行为
5. 自由的、充满想象力的玩耍
6. 对童年成长力的保护
7. 感恩、敬畏和好奇心
8. 快乐、幽默和幸福
9. 成年人是在内在发展的道路上

我们已经被唤醒看见自己，看见孩子，不光用眼睛（视觉器官）去看，还要用心去看，用精神能力去看见自己与这个世界、与他人的关系，进而了解孩子需要什么。我们如何知道并且做到与他人联结，给予孩子以及自己需要的，这是教育最重要的因素，也关系着生命的成长。

他心中沉睡的巨人：给孩子一个成长的舞台

记得，我 40 岁的生日是在上海话剧艺术中心 D6 空间与 200 名观众一起度过的。那一晚话剧演出结束后，我站在舞台中央，灯光聚焦在我身上，感觉浑身被光照亮，暖洋洋的。剧场的空间被一种仪式感、神圣的气氛包裹着，光线迷人的色彩，音乐优美的旋律，人们热情的话语声，这些元素编织在一起的图景,随着时光流逝在我的记忆中开始碎片化,慢慢模糊起来,成为布景。

迄今职业做剧场工作十余年，在我看来，戏剧如同一场梦。创作、制作和表演的过程就是造梦的过程，是人与人面对面、心与心交流的一种有温度的互动。

我与剧场的结缘从幼年开始。小时候，进剧院看演出，在我家如同家常便饭一样。数不清我妈带我看过多少场国内外著名团体和艺术家来北京的演出,音乐会、芭蕾舞、歌剧、美术展览和电影回顾展,连中考、高考前也不错过。从去剧场看演出，到进剧场做演出，对于我来说，是生命轨迹的自然延伸。

人生如戏。每个人都在自己的人生剧本里孕育、活出鲜活的生命。我们从母体中出生，天生的感官随之在这个世界里醒来，一部分感官可能还在沉睡中，如同种子需要阳光、雨露的滋润才能生长，心灵的感官需要文化艺术的滋养来唤醒它们，让它们自然破土，开花结果。

在孩子的成长过程中，家庭扮演着“子宫”的角色，是种子发育的土壤与环境。孩子在一生中会遇到许多老师，最重要的第一任老师就是父母。一个小婴儿，最早认识世界就是从接触身边的人、事、物开始的。小孩子带着天生的好奇心、单纯的兴趣想要触摸一切东西，探索这个世界，通过看见并模仿大人学习、成长。我们能创建出什么样的环境，给予孩子什么样的滋养，做出什么样的示范，是至关重要的。每一个小孩子都具备这种能力，他完全可以展示出他的兴趣所在，我们就耐心地静等好戏上演。

像无数的小女孩一样，我也被我妈送去合唱团学唱歌，去少年宫练跳舞。一种是大合唱，穿戴整齐，站得笔直，看指挥的指令，齐声歌唱；另一种是集体舞蹈，就是模仿老师的动作，跟着伴奏音乐，每个人做出一样的动作、一样的表情。不过像患了健忘症，只记得有这么一回事，至于唱过什么歌，学过什么动作，都忘得一干二净。虽然表演机会不少，我却感到麻木，几乎没有什么感受留在记忆里。

只有一次经历不同。初中时，我代表学校参加区里比赛，我决定自编自演独舞。我躲起来一个人花了好几天时间编排，一遍又一遍，还精心准备了服装、道具。我妈陪我去比赛，没想到，我在舞台上突然忘了排好的动作，只好临场现编，跟着感觉跳下去。演完后，我心里忐忑不安，没想到我居然获了奖，开心极了。生平第一次自己自主编排、即兴跳舞参赛的经历，至今回想起来还印象深刻，倒不是我觉得自己编的、跳的舞有什么了不起，对获奖也无所谓，而是在这个过程之中，我独立自主地完成，渡过难关，让我满怀自信，更有勇气去迎接挑战，相信一切皆有可能。妈妈在身边的陪伴和鼓励，让我感到温暖。

孩子渴望自由探索与展示自我的需要被看见、认可，得到积极的回应和正面反馈，对孩子来说有着重要的意义。很多年后，当我学习了即兴创作与表演的方法，再次亲身体验，并实践引导幼童玩扮演游戏，让学生们自主编创、表演舞台剧，我相信每个孩子都具备这样的能力。作为艺术家，需要投入戏剧角色、处理剧场元素的能力。而我们作为父母或教师，需要投入孩子们的世界中，帮助他们做得更好。

学生要在没有教师的帮助下独立完成作业，自己觉察生命的过程与状态，这对学习、成长是有益的。

记得小时候，我妈想让我学钢琴，带我登门拜师。那位钢琴老师看了一眼我的双手，说了一句话：小拇指太短了，不适合弹琴。硬邦邦、冷冰冰的，一句话把我拒之门外。我已经想不起来这位女老师的样子，也不记得我怎么和我妈离开她家的，可对她说的那一句话以及带给我的被排斥感耿耿于怀，以至于30多年以来我一直不敢触摸任何一样乐器，总以为自己不行。可这是真相吗？

4 年前，我上了一名德国老师带领的音乐疗愈工作坊，平生第一次触摸那么多的会发声的东西，鼓起勇气一个个去吹响它们、敲打它们。敲打金属与敲打木头，带给我的感受截然不同。不只是平时熟知的乐器，还有日常生活中随处可见的器皿，它们一样可以用不同的方式变成一件会发声的容器。一根根大小、长短不一的木条放在身体不同的部位，即兴敲打，同样可以发出神奇的声音。一首身体之歌，那么真实的声音、有韵律的节奏是可以从身体里自然流淌出来的。我感觉我的身体在倾听音乐之美，不光耳朵听到了声音，肌肉与骨骼也感受到了动态的能量；我的心在倾听声音里的那些不同事物深层的内在品质，仿佛“心灵在散步”，神奇又美妙。

没想到，年近不惑，一场缺失已久的音乐启蒙课，终于让我有机会大胆尝试各种敲打、吹弹，像孩子一样好奇、兴奋地玩耍。我发现自己原来可以演奏，即兴创作让我感到很过瘾、很满足，我的音乐兴趣与天赋其实一直存在，只是被埋没了，最后连我自己都忘了。当那些童年缺失的东西得以补偿，开始被疗愈时，我哭了，百感交集的情绪以及压抑太久、渴望释放的能量终于有了一个出口，像河水一样流淌起来。音乐充满了魔力，它唤醒了我的听觉感官，让它日益敏感而细腻。我开始补课，反思艺术启蒙应该怎么做，这才是我们给孩子最好的滋养。

每个孩子都是独一无二的，拥有自己天生的特质以及无限的潜能，需要唤醒与回应。每个孩子都带着天真的好奇心想要自由探索这个世界。学习、绘画、唱歌、跳舞、表演，都需要孩子有兴趣地自发活动，可以自由表达，自然而生动地呈现出来，如同绽放的花朵一样千姿百态，也需要大人用心呵护，耐心观察，精心引导。问题是这些娇小的小花、小树，很可能在传统的教育下萎缩、凋谢，我们该怎么办？

小孩子不是大人的玩偶，不该被摆弄、操纵出一个模样，变成物化、固化模式的复制品，或是程序输入打造出来的机器人。每次看见电视上、舞台上，在华丽喧闹的声光电之中，浓妆艳抹、花枝招展的孩子们，一个个小大人般装腔作势、刻板做作、夸张献媚的表演，我就觉得心痛。孩子不再是孩子，被迫服从大人的指令，被训练成整齐划一的模样，渐渐感知麻木，失去原本天真自然的样子，没有活力与生命力。

模仿：故事，让孩子看见世界

戏剧，连同其他形式的艺术，都是生命教育的一部分，有助于健全完整的人格，发展感知、情感、思想、想象、创造、专注、自信，审美、表达、情绪管理、身心协调，沟通、分享、合作与解决问题等多方面的能力。

戏剧，对于小孩子来说，用什么正确的方式打开呢？用扮演游戏、讲演故事的方式来表达他自己的想象，投入故事的角色中，编织线索，创建情景，扩展已有的能力。

备受世界推崇的英国戏剧教育的著名理论家和实践者盖文·伯顿（Gavin Bolton）是少数会将实践建基于儿童戏剧和儿童假想扮演（make-believe play）之间的直接关系上的领导者。长期以来，他把最重要的投入戏剧的模式称为“戏剧性游戏”（dramatic playing）。他倾向于采用“体验当下戏剧”（living through drama）、“创造”（making）戏剧来指称这种特别的投入戏剧的方式，他从由扮演来“探索存在”（explore being）这一基本意念上构建理论。伯顿在演讲中指出，“那些根植于幼儿的自然想象力与创意，是非常独特又珍贵的价值”。幼儿的生活其实就是“创造剧场”。游戏，是孩子的天性和权利。Play，一种中文翻译为：表演。对于小孩子而言，玩扮演角色的游戏，就是他们每天的生活与工作。

只要一接触小孩子，我们就会发现，体验“过家家”等各种角色扮演，原本就是孩子日常生活中的一部分，会随兴所致、随时随地地自主发生。孩子以生活经验来模仿情景，也想象虚构世界，编造出人物、地点、空间和故事，无中生有，“说什么，是什么”，在虚实真假中来回穿梭，不受时间、空间、场地和外界的约束，无所谓有没有观众，他们都会热情积极地投入游戏中。这种戏剧性游戏是孩子与生俱来的本能，是孩子成长过程中自然且宝贵的经验，也是他们构建自我的学习过程。

反倒是大人常常会被头脑里旧有的经验和既定的模式捆绑住，折断了想象的翅膀，一脸惊讶、迷惑地问："宝贝，你究竟在做什么？"而大多数父母（家长）常常忽略、漠视孩子如此玩耍的本质与功能。

7 岁前的小孩子还处在一个梦幻的阶段，充满灵性，他们随时随地会有无穷无尽、奇奇怪怪的想法和问题。孩子用他自己的视角、眼光观察这个世界，对任何东西都有自己的想象、自己的解读，我们成人可能常常听不懂、猜不透，也不知道如何对应、如何沟通。游戏，可以把孩子的世界和成人的世界联结在一起。

7 岁前，孩子的游戏自然以模仿为主，自由玩耍。我们要把游戏的自主权交给孩子，给孩子一个成长的舞台，在日常生活中多花时间观察他的兴趣，陪伴他一起玩游戏，通过声音、色彩、动作、歌舞，以讲故事及表演故事的戏剧方式，针对不同年龄的生理与心理需要，有意识地培养他审美的感知力，启发他丰富的想象力，引导他进入自由想象的魔法世界，有更多的成长空间和可能性。

算起来，我应该是国内最早一批接触亲子教育工作的。1999 年，在上海东方广播电台少儿频率创办了国内首个 0~6 岁育儿节目《亲亲宝贝》，每周日两小时直播，邀请权威的脑科学专家和育儿学者开讲，与国内众多早教机构合作，还兼职《为了孩子》杂志育儿专栏的主持、编辑。当时国内的婴幼儿早期教育方兴未艾，如何育儿对于大多数父母来说还很新鲜、陌生。我在节目里跟家长说，到幼儿园跟老师说，做市场推广跟客户说，说来说去，尽在传播别人的言论。"陪伴孩子一起成长""爱与自由""全人教育"，这些概念还停留在头脑层面上，由于缺乏切身的体验，没有深深根植于实践之中，只知其然却不知所以然，虚空无法落地实操，让我深感困惑与力不从心。

然而我在剧场工作的经验，启发了我思想的源泉，使我经历蜕变。有一次，我在欧丁剧团表演工作坊上听尤金尼奥·巴尔巴[②]说："观众来剧场，

② 尤金尼奥·巴尔巴（Eugenio Barba，1936—）剧场导演、演员训练者、作家。1964 年在挪威创立欧丁剧场，于 1966 年迁到丹麦的赫斯特堡，成为丹麦戏剧实验场。

是看演员如何在舞台上运动。”这句话点醒了我，这是之前从来没有想过的，如同在教育上，从不会考虑这个问题：“孩子如何学习在这个世界上运动？”动觉作为一个感官，不仅是通过身体肌肉系统的运动，同时也是对世界的反应。身体的活动不是简单的机械活动，而是精神层面的深刻运动，精微到细胞里，心魂的肌肉也有运动的方向感与目标感。好比身体里打开一扇门，感受到内在的世界。

我沉迷于在剧场学习，并将剧场理论运用到生活实践中，与教育相结合。在观察、陪伴孩子的过程中，我不敢妄言懂孩子，我知道每个孩子的独特性与差异性，我不肯定任何一种戏剧流派或一种教育体系，我尝试各种可能性。与孩子在一起时，我犯过错误，依然有困惑，不过我确信在自我教育的路途中，在陪伴孩子一起成长的过程中，我自己的践行与体悟变得越来越开放、清晰、有意识与坚定。

我转变的契机是从我妹妹怀孕开始的。当时，我下决心毅然放下手头的剧场工作，从上海回到北京。我们姐妹俩也因为一个名叫“小虎”的小男孩的诞生，重新探索亲密关系，一起探讨、尝试给予孩子不一样的养育方式，突破以往的经验和局限。换一个孩童的眼光，去重新观察这个世界，看见孩子。

不像母亲要承担养育的责任，我这个姨妈的角色功能显然不同。随着时空、距离的拉远，我逐渐成为外甥小虎的玩伴，与他一起互动游戏，更为开放与自由。每周末的家庭聚会，不是我去小虎家，就是小虎被带来我家玩。故事、戏剧性游戏成为我们之间必不可少的保留节目，定期陪伴小虎读故事、编故事、说演故事，日复一日地持续练习，各种玩耍。

我们是从小虎七八个月大的时候开始给他看绘本、读绘本、说故事的。妹妹精挑细选购买国内外著名的经典绘本，一面墙的书柜里装的都是小虎的图书，俨然一个小小绘本馆。小虎良好的阅读习惯，是在小虎妈的耐心、精心呵护下养成的。每晚临睡前安静的阅读时间，妈妈、爸爸各读一本书，已经成为我妹妹一家最喜欢的亲子活动。外出旅行，也会随身携带绘本。

出于职业习惯，我会注重剧场方式，跳出书本，不完全照本宣读。我喜欢自由发挥，给故事加配料，比如模仿风雨声等自然声响，各种“咔嚓、啪唧、哗啦、扑通”等象声词，动物的叫声，渲染气氛；配合肢体动作、造型、定格画面，通过抑扬顿挫的语调和眉飞色舞的表情来进行角色扮演，说故事给小虎听。通常他会被故事内容吸引，也会被我的声音、样子逗乐。等到小虎学会站立、走路和说话以后，我就开始找出家里的物品当道具，给他摆弄玩具、玩偶，拟人化地说故事给他听。

模仿，在孩子一两岁的敏感期中潜移默化地开始萌芽。小虎会自然而然地跟着我，或者自己发出各种声音、做出各种动作，摇头晃脑，点头哈腰，手舞足蹈，拍手、跺脚、踢腿、蹦跳，玩手指游戏……慢慢发展到自己动手制作等行为能力。

我们常常很惊讶小孩子天生的模仿和创造游戏的能力。小虎因身体灵活，肢体活动更加丰富，他会模拟出很多动物和人物，有的我也并未刻意教过他什么，可他却知道怎么做。小虎在 2~4 岁时超爱模仿各种日常生活的情景，那些他从生活中看见、认知的经验。比如，他扮演超市收银员打开电脑（把一张硬纸竖立在小木桌上用手指去敲打），在收银台收钱、找零钱的动作（没有收银台，用一些小卡片替代），他又扮演服务员摆放各种物品，他让我扮演顾客买东西，问我买什么呀？然后等我挑选完东西，他为我递东西，还主动要求快递送货到我家。他一次次一遍遍地跑过来跑过去，不厌其烦地摆东西，送东西。等我按照他要求的动作都完成之后（买完了），他还要求我：你再来一次吧？你再买一个吧？我说，我没钱了怎么办呀？他说，你假装的。当我张开手递给他钱时（现实是我的手是空的，没有钱），他知道并相信有钱，他能处理现实生活与虚构世界，随意自由地转化角色与场景，限制时间与空间，他认真的样子等同于演员的无实物即兴表演，使我不得不相信并“入戏”。

有一阵子小虎总喜欢说自己是警察，让我扮演小偷干坏事。他会用积木（或乐高拼插）搭一个房子，说这是警察局，然后开着他的警车（用手操弄玩具车）飞驰过来，“呜呜呜呜”地鸣叫着，大声喝令“站住，抓住你啦”，一下子逮到我的手，用厉害的眼神盯住我，定格在那里。无论我在哪里，做出什么动作，想出各种办法逃跑、狡辩，他发现了我（我并没有提示，只是被动地完成他要求的动作），假装走开，哼着歌或是离开房间，每次他都能迅速地赶到“小偷”身边（开车、驾驶飞机或超人般不知道怎么就出现了），语调高亢，神情兴奋，很享受这种“当场把我抓住”的刺激感觉。

他还模仿火车司机与乘客、医生与病人、消防员与求助者的各种即兴对话，我猜想他不会意识到自己在做什么，也不能理解、解释它，我无法估计他要经过多少次类似的情景，才能停止“发明创造”。我好奇地看着他运用剧场形式，示范了一些剧作家、导演和演员共同的戏剧工作：选择了一个清晰界定的焦点，让想要的经验得以发生，利用两个角色之间地位的差异，通过空间操控建立张力，通过延迟刺激的时刻（逮住我的手，盯着我的眼睛）来增加张力，引导我的角色放松警惕后，制造编剧“意料之外”的艺术。小虎在 4 岁后已经具备了可以做最基本剧场的潜能。我觉得很有意思，很多时候我就刻意不表态，想看看他到底还能带给我什么惊喜。

在这个世界上，应该只有人类会编说故事。孩子，天生就是编说故事的高手，4 岁后 7 岁前是编说故事的最佳时期。

小虎自编一个个小“故事”就像“存在的”模式，一次次虚构“上演”反复很多遍，每一次虽重复大致的角色、内容与形式都有新的元素被发挥和处理，并非拷贝。故事的素材主要来源于日常生活、外出旅行、跟大自然接触的经验，还有从绘本和图书里看到的，从大人、小朋友那里听说的。表现形式主要是现实主义，还有童话般魔幻的氛围，更多动物、怪兽、海盗、神仙的角色，天马行空的想象，随意搞怪的玩乐。

他会一边说，一边做出各种动作，跳上床，蹦；再跳下床来，满地爬，他身体的灵活敏捷度不妨碍他满屋子跑，做各种空间运动。他演说故事时，还会配上声音，比如模仿出各种动物的叫声和自然界的海浪、电闪雷鸣、水火的声响。他的角色扮演非常生动形象，各种不同的语气、语调随时变化大小、音频。他还会使用大量的象声词、形容词，也会有心理情绪、情感的自然流露，还有突然的戏剧化转折，借助道具玩偶，即兴对话，一个人可以扮演多个不同角色，玩得开心又满足。

想象：活在戏剧里，让想象飞起来

孩子，活在生活里，活在戏剧里。如果我们可以每天花点时间观察孩子在做什么，就会发现他们喜欢捡各种石子舍不得扔，总把一些东西固定地放在一个地方，不厌其烦地反复地神神道道，或者不知道跟谁在嘀咕些什么，等等。对于这些奇怪的言行，你会不会相信与理解，孩子日常生活中探索物质世界的最初的活动，也就是他们在做创造性游戏，投入地自主活动，自由玩耍，自在表达，呈现出自己的精神世界。

正如前文小虎的讲述、展示与回应都是他自己的想象与思维，他有清晰明确的情景、空间和人物，邀请我“入戏”。因为我不做预设，听起来总会有新鲜感、欣喜感，我会欣然配合。时间长了，我就体会到，小朋友眼中的世界，与我们成人眼中的世界是不一样的。孩子们的言行举止，往往会超越成人的想象与理解。

尽管我知道这样的状况，许多家长在生活中也会时常遇到，但是常常会自动忽略或表现出不屑的态度，觉得孩子的言行幼稚可笑、不值一提。你看不到在孩子的对话中出现的史无前例的生动吗？要是你只看见那些整齐摆放在一起的彩色积木块，完全没有想象力，或是用老旧的头脑评判，立马排斥、拒绝的话，那你可就错失了一个有趣的故事以及跟孩子一起畅游童话王国的玩乐时刻。

下面是我整理出的小虎（4岁多）与我编说故事《猪国王历险记》的一小段对话，括号内简单的说明与分析，供大家一起打开想象、大开脑洞吧！

“我的皮带是这样的，你看，我的皮带可以喷火，呼呼呼~~我的电棒就插在那儿，我的棒子里发出好多电，呲呲哧哧~这个手心里发出一串的水，哧哧~”

（描述角色，无实物展示给观众看，我的想象力得赶紧跟上呀。）

“真的呀，火、电、水全有了。”

我问小虎：“你是谁呀？”

他说：“我是小人，全息小人！”并做出一个动作停在那里。

（声音、语调带着他赋予角色的鲜明特点，立体雕塑，定格画面。）

“全什么？”我没听清楚，问他。

“全息小人！”他重复了一遍。

（保护角色，重复扮演。此时我大脑完全空白，实在想象不出来什么是全息小人，它长啥样？）

“哦，全息小人？你那么厉害，可以带我去彩色岛吗？”

（不明白意思，不知道咋办，先接受，可以重复并跟随孩子，再引导发展情节。）

“突然我的脚底下发出了火，倏地，我飞走了。”

“扑通，我跳进了水里。”

“小人，小人，你还在吗？”我一边问，一边寻找起来。

“咕嘟咕嘟，一条鱼游上来啦。”

（迅速地改变声音、语调和身体姿态，限制与打破限制，在空间里以不同的方式移动。）

“请问，你见到刚才从这里跳下去的一个小人吗？他……他腿下面像火轮，有个风火轮，他的手，他还有一把能发光的剑。”我结结巴巴地问。

（脑子里努力回想角色描述，试图复述、回应，可意识到说得不对。）

他摇头，刚要说不是想打断我，听说我手里有发光的剑，赶紧举起手臂模仿并发出声响："咔——"然后，他接着说：

"对的，我可以变成鱼，我脚底下不是踩风火轮。你看，有一个口，这里头能发火，两只脚都有火，呼呼——你看是这样的。"

（变回小人的角色，先纠正了我，然后举起腿展示给我看，我在参与者与观众之间转换。）

"通，通……"突然，他转身往外走。

"你要去哪儿？"我问。

"然后呢，他走进一个地方不见了。突然一只螃蟹爬出来，又爬回去。"

他开始在床上爬来爬去，扮演螃蟹横行的样子。

"是小人变的吗？"我问道。

（我扭巴扭巴，跟着走过去。）

"哈哈哈……"他大笑起来。

（被我扮演的猪国王扭着屁股走路的样子逗乐了。我也被自己的角色逗乐了。知道是假装的，可以抽离出情景，观察自己。）

"你怎么变来变去的？你到底是谁？"我追问。

"我是海底之王。"

（自我主动投射又注入虚构角色里，身体变高，声音变得威严起来。）

……

小虎在天花乱坠地说话，手舞足蹈地动作，他在向我传达一些事情正在发生，有时候我能明白他的意思，有时候完全不理解他在说什么、想要干什么，也不知道该怎么回应，如何玩下去。这样的状态，我感到既非常有意思又挑战不断，后来意识到需要放下头脑，体验当下，反而心情放轻松，随心所欲地陪他一起玩个痛快，来一场彻底的自由玩耍。

而小虎在投入的角色和情景中，会很快感知到自己当下的焦点、处境，要是困在那里，他会寻求帮助，寻找办法来应对和解决问题，常常不需要我的提示。我不会刻意告诉他该怎么编下去，怎么说。我只会接他的话茬儿，来支持他的线索发展，或者帮他稍做调整，他往往反应得比我还要快，他意识到自己是在平原、悬崖上或十字路口后，会很快找到新的方向。

7 岁以前的男孩子，处于换牙前的敏感期，出于生理和心理的需要，常幻想海底寻宝、建造城堡，通过扮演“全息小人”寻找满足小小的自我。通过小虎的言说与动作，我可以想象出那一个个鲜活的角色、一幅幅生动的图景，都是从他的身体、语言中自然呈现出来的。我简直佩服、羡慕这小子的想象力发展得超级丰富，表达起来也非常随意自由，他对扮演角色的戏剧游戏活动很着迷，总是拉着我和他一起玩故事游戏。小虎的能力日益发展，表现得动作灵活、思维敏捷，具有专注、敏锐的感知能力和身心协调能力，以及生机盎然的想象力、自由的创造力和表达的能力，这一切远远超越我们的想象，给一家人带来太多的欢乐与惊喜。我在陪他一起玩耍的过程中，也收获了很多启发与感动。

唤醒孩子身心的感官

1 岁 7 个月的小马，是我一个要好妹妹的独子。有一次，我去小马妈妈家，她拿出一大堆卡通玩具、毛绒玩偶，我简直爱不释手。小马妈说起小马近来种种趣事，我聊起小虎如何玩故事游戏。小马妈感慨地说：“小马还太小，他对这些玩偶好像不感兴趣，不喜欢玩。”“是吗？”我随手拿起一个《芝麻街》[3]中的艾摩（ELMO），再把另一个卡通玩偶放在小马面前。我开始摆弄起艾摩的小胳膊小腿儿，一边说话一边走近小马。

“小马，你好吗？我是你的朋友，我和你一起玩好不好？”

（扮演角色引导让他先看见，使视听、听觉活跃起来。以平等、尊重、开放式的提问引发对话。）

小马坐在那儿，先是用大大的眼睛紧紧盯着我手里的艾摩，一脸好奇的小神情，萌萌的有点儿含羞，想靠近又想表达的意思。

（动觉，观察他人的动作做了什么。小马产生兴趣，略有反应。我耐心等待他自发行动。）

“好！”他回应了一句，看了我一眼，又看了看我手里的艾摩。

（语言觉，他的自我表达与体验能力，视觉、听觉继续活跃。）

我用鼓励的眼神看着小马的眼睛，继续摆弄着艾摩跟小马说话：“我们去你的游乐场看看好不好？你带我去一起玩，好不好？”

（角色发出邀请，感受友好、温暖的相处方式。语言觉从他开始听到并理解我的意思，引发自我表达，到身体力行。）

“好！”小马又痛快地答应了。他立即爬起来，拿起前面的一个卡通玩偶抱在胸前，连跑带颠儿地走出小屋，奔向客厅。

（触觉先启动，他带着好奇心去触摸之前没有触碰过的东西，动觉随后行动，走和跑还不大平稳，感觉身体的平衡感保持得不错。）

我赶紧爬起来，拿着艾摩跟在他身后，边走边说：“等等我，你跑得太快了，我有点儿赶不上。慢点走好吗？”

（积极回应，跟随他，明确我自己的需要，并请求反馈。）

小马停下来，转过身，扭过头，看着我和我手里在地上走的艾摩，

---

③ 《芝麻街》是美国公共广播协会（PBS）制作播出的儿童教育电视节目，该节目于1969年11月10日在全国教育电视台（PBS的前身）首次播出。

也学着我的样子，把手里的卡通玩偶放在地上，让它走起来。

（倾听，回应，亲密互动起来。模仿角色，通过身体的动作、姿态、表情，体验他人的样貌。）

走到客厅，在他的游乐小天地前，看见有小滑梯，我就举起艾摩问："这是什么？"

"滑梯。"小马笑着，看着我，嫩声细语地回答。

"哦，那我们玩滑梯好吗？"艾摩（我）问。

"好。"说着，小马急迫地把玩偶从滑梯上拿下来，动作有点快，歪歪斜斜的。

（多种感官统合在一起活动。）

"这个给你，这个给我，好吗？我们交换一下，好吗？"

小马点头同意了。

（互换玩具，展开平等对话、交流的行为，增进感情的交流。）

通过玩偶，我与小马像两个玩耍的小孩子，一起走路、对话、做游戏，尝试多种体验，玩了好大一会儿。

（通过活动身体，表达自我，是孩子感知的过程。）

看起来，虽然小马似乎还不习惯进入角色，一会儿就忘了手里还有一个卡通玩偶，好在他已经参与进游戏中了，因为角色扮演也是需要时间慢慢熟悉的。

这样的状态一发生，让从旁边观察的小马妈很是惊喜。她说，这是小马之前从来不曾出现的反应，过去他只是被动地看着妈妈玩，如今他学着自己跟其他物体、其他人（玩偶替代的人物）亲近、交流，自己独立表达和行动。这就是很大的进步呀！事后小马妈告诉我："可不得了，从你那天走以后，小马就真的像被唤醒了一样，对各种物件、小东西，随手就摆弄起来，和它说话，建立关系，发展情景，时不时有各种新词、话语神神道道地蹦出来，呼啦啦一片。”

小马的变化让我很高兴，我化身艾摩和小马说话，与玩偶一起玩，是我当场灵感的即兴发挥和自由演绎。没想到，小马的回应和配合竟那么自然、顺畅，一切都好像安排好的一样。为什么呢？这个年龄的小马刚好是处于对新鲜事物、动作发展、语言表达的敏感期，他身体的感官好像有无数个小开关、小马达似的。他模仿我，是一种被唤醒，就像开关被打开一样，瞬间活了、动了起来。

鲁道夫 · 史坦纳博士创立的人智学说的理念认为，人类有 12 种感官，并将 12 种感官分为两大类，其中有指向自己身体及内在的 6 种感官：触觉、生命觉、动觉、平衡觉、嗅觉、味觉；而将我们带往外界的其他 6 种感官为：视觉、温度觉、听觉、语言觉、思想觉、自我觉。史坦纳又将 12 种感官分为意志（will）的感官（触觉、生命觉、动觉、平衡觉）、感受（feeling）的感官（嗅觉、味觉、视觉、温暖觉）、灵性（spiritual）的感官（听觉、文字语言觉、思想觉、自我觉），他建议从教育中开发 12 种感官，分学龄前、小学、中学 3 个阶段，将 12 种感官与整个学程联结。

2016 年，我在阅读德国著名医师艾伯特 · 索斯曼（Albert Soesman）撰写的著作《十二感官》。书中详细介绍了 12 种感官的生理反应、对应的心灵活动，以及各种知觉为我们所带来的影响。有些感官对我们而言是新奇陌生的，但它确实在影响着我们的生命。

正如译者吕理玚在序言中写道：

有时你会发现，为何别人家的小孩一下子就跟同学玩在一起，而自己家的小孩却像一滴油浮在水面上一样，无法跟同学融合在一起！其实，他只是有些感官受伤了，或是还没被唤醒。人的身体具有自我疗愈的能力，只是我们还没去启动它而已。有时就像车子发动不了，其实车子并没有坏，只是电力不足。充电过后或是请别的车子帮忙搭电就能让它重新启动。十二感官就是我们身体的充电器。为何我们会对一些事情不再感兴趣？甚至对某人也不再过问？因为我们的内心已经失去温暖。内在的太阳不再燃烧，以至于我们无法将兴趣辐射出去。这依然是个温暖的世界，只是你的温度觉暂时关闭了。你不忍心看着别人独自站在冰冷的角落里，我们也同样不愿意留下你一个人在外面孤单受冻，这就是我们的温度觉。

感官，是经由我们的神经系统连接到大脑的，以更加细腻深入的方式滋养我们。科学家经过许多知觉体验的实验证明：正常的知觉让我们保持清醒，并得到正确完整的知觉感受。感官为我们提供日常生活所需的营养，没有正常的感知，生活会变得一团糟。即使我们不清楚这些感官的内在特质有什么不同，只是单纯地进行一些感知的活动，例如：触摸与体验温度、色彩、声音、运动，等等。这些活动通过不同的感官会带来不同知觉领域的感受。

几年前我与人智学相遇时，刚好是感知到自己的身体跟不上，出现僵硬、不通和卡住的状况，我意识到这些自身的问题，与幼童时期感官系统没有得到完整的健康发展有直接关联。感官发育不良、发展欠缺造成对自我知觉的偏差，与外界世界的疏离感，以及社交障碍与表达困难，思维和行为方式有局限，其实都可以通过戏剧、诗歌、音乐与绘画等艺术活动来疗愈感官。

我深信不疑的是，对于孩童来说，所有的艺术活动都可以将感官教育融入其中，尽可能地去滋养与疗愈孩子的 12 种感官。最为重要的是，要创建一个能够滋养孩子感官的环境，带领孩子一起做各种活动，从日常生活中的清洁、打扫、烘焙、缝纫，到手工编织（制作）、绘画、雕刻、木工，以及音乐、语言（戏剧、诗歌）等活动（课程），唤醒孩童去感受生命，与周遭世界连接，体会这个世界的“真、善、美”。

我们知道，要叫醒一个人，我们会打开灯光，呼唤他，轻拍、抚摸、摇晃他。换句话说，我们是在刺激他的视觉、听觉、触觉、动觉和温暖觉，我们要把他带回到自己的感觉里，不管他在睡梦中去了哪里，都要醒来回到现实的世界。正如小孩子，是被闹钟叫醒还是被父母唤醒，或是自然睡醒，这带给他的刺激和感受是不同的。同样，小孩子晚上是听着父母用轻柔的声音讲着故事进入梦乡，还是看着电视疲惫至极才入睡，是有很大差异的。

听觉与视觉：生活里的剧场

与孩子一起玩说故事游戏，不一定非要固定时间或需要大把空闲，可以随时随地玩耍，在做饭、洗衣、为家务忙前忙后，孩子围在身边时，或是开车出游，都可以是故事游戏时间。

我随小虎一家人开车出门，不管路上堵不堵，不管小虎爸妈把车开到哪里，我已经带着小虎玩起“我们去旅行”的故事游戏。小虎（4 岁以后）会从先听我说，只是听，到后来我边说，他边与我对话，参与一起编说故事。我知道，他听我说着什么的时候，通过听觉中真实的声音会听到事物原本的样貌与本质，小脑袋里准会联想出各种事物，那正是他的感官、思维、想象被激活的时刻，接下来需要一个出口，释放、表达他自己的感受与理解。这时，我会从“讲故事的人”转化角色，扮演观察者的角色，更多地倾听他的声音，偶尔我也给他出难题，看看他如何回应，能想到什么办法来解决困难。

小虎说：“迷路了，是吗？这好办，我身上带有好多小石子，一路走，一路撒，要不在树上拴根毛线绳呗，这样不就能找到路了吗？”

我说：“嗯，好主意。不过那得拴多少根毛线绳，撒多少小石子呀？要是走好远好远的路，怎么能带那么多的石子，那还不把我们自己累死呀？要是路上已经有很多小石子，路边又没有树，怎么办？”我做出一脸痛苦、无奈的样子。

小虎扑哧一声笑了，想了一下又说："嗯，要不然，我带猎犬进去，让它嗅嗅，路不就找到了吗？"

我说："对，猎犬可以帮我闻气味，找到我们丢了的东西，或者帮忙去追捕坏人。要是我们自己旅行迷路了，我们没带着猎犬也带不了，怎么办？"

小虎听着、琢磨着，突然兴奋地叫起来："大恐龙，还有大恐龙呢，它那么高，啥都看得见。"

轮到我被他的话逗乐了，忍不住笑起来："哇，宝贝，你是说，我们不小心穿越到了侏罗纪公园？那恐龙倒是能帮上忙，不过现在它们早就灭绝了。"

小虎不以为然地淡定地说："直升机呀，嗡嗡嗡，救援队来了。唰唰唰，特种兵，全下来啦。"说着，他在安全座椅上动起来，挥舞手臂，好像就要从飞机上跳下来似的。

我立即回应："这下好啦，我们被营救啦，我们怎么上飞机呀？"

"从飞机上，扔下一根绳子，吊我们上去不就得了。"

我心想，亏这小子啥都敢想，啥都难不倒他的样子。于是，我俩一起又不知道天马行空地跑到哪里玩去了。

在过往的游戏经验里，几乎每一次，小虎小朋友总能想出各种办法来应对我们探险途中的各种困境。我不会考虑、分析他的灵感、点子是不是有逻辑、合乎情理、有效，不会评判是非对错。他说什么，我先接受、认同，进而顺着他的这条线索引导往下发展，或是启发一个转折点，自由探索新的可能。

与孩子一起说编故事，角色、情节是不是真实并不重要，重要的是，里面的信息点是否符合生活常识，能否让孩子获得各种生活与社会能力相关的经验。故事游戏的方式，不只是通过语言，还可以通过唱歌、跳舞、肢体运动与自由跑动，各式各样、变着花样地玩耍。三四岁之前的孩子处在梦幻而不自知的阶段，注意力集中在手指、脚趾、手与脚上，需要与身体紧密关联的活动。游戏需要简单、可一再重复，有一个清晰的开始与结尾，随着一个童谣或儿歌节奏下的手指游戏，可以模仿一条虫爬，一只鸟飞，两个人对话，一个圆球滚，跳舞的脚趾，等等，各种动态的情景。

大多数孩子在玩耍时做的事，就是在“体验当下”某种情景，“解读”某样东西或事物，虚构角色说故事，亲身经历某种满足感的“剧场”经验，这种戏剧化游戏，在生活中随时随地、无处不在，具有“创造”的特征。

我不断反思，经历戏剧创造性活动对于儿童、父母或教师的意义所在。拿小虎扮演“将军”举例子，儿童戏剧性游戏体验方式的特质是：为了给自己一种“当将军”的体验，他必须发挥创意去回想和模仿“如将军般”的活动，至少要达到与之相关、相像的地步；他玩耍时必须获得一种发生在他身上“将军”做事的感觉，比如想象出：在他的指挥下，全体官兵整装待发，正围着他接受任务。虽然这份经验表面上是关于“将军”的，事实上却是关于那个置身于“将军”情景中的他自己。当小虎能够说那些“现在正发生在我身上”时，他同时知道那是虚构的。小虎总喜欢扮演警察、军人，一定只当大头儿，从来不当小兵，我觉得这是他的个性特质和心智状态向外呈现出的投射。

正如前文所引，伯顿认为幼儿的生活其实就是“创造剧场”。儿童具备处理剧场元素的能力，小小的艺术家，随时随地在创造自己的假想，于正在发生的情景中，体验自己的存在感，自己与角色的身份，以及寻找体察那些潜在规则下的自我中心——比如自己的立足点，可能出于惧怕寻找权力，或是满足某种希望而去假想扮演。在“体验当下”的戏剧里，参与者都在暗自寻找当中的潜在法则，很贴近我们在现实生活中建立任何一种社交场合下沟通中的技巧，虽然体验不能被拷贝和重复，可能中断或被分为片段，参与者要知道从虚拟的情景中走出来，操控时间与空间的领域可以是无限和千变万化的。

触觉与知觉：动手，做一个温暖的玩伴

史坦纳博士提出，小孩子比大人更能统合所有的知觉感官，因为小孩子善于模仿，他们对周围世界充满好奇心，渴望接触一切事物，接触自然，对周围的人也不大会产生疏离感，所以孩子会模仿、吸收周围的人、事、物的特质，在这样的过程中，诚实、真实就显得格外重要。父母成人的榜样示范，会直接影响孩子成为的样子。一件作品或一个玩具使用的不是天然材质而是仿造的，都是在欺骗孩子的感官，也是不道德的行为。

触觉，是孩子最早发育的感官。出生之后，一个小婴儿通过无数次的触碰，经过很长的时间才能意识到自己的边界；然后，外界事物不断触碰到自己的身体表面，也让他觉察到自己所处的周围环境。外部世界，让孩子通过身体产生自我意识。我们借由触觉来了解某些事物在哪里，也会用触摸的方式来表达亲密友好的关系。

诺瓦里斯（Novalis）说："接触的同时会产生分离与连接两种效果。"

> 一个关于触觉的奇妙现象是：一方面，你感受到一块木材的坚硬，另一方面，你也感受到它是一块好木头，因为你感觉到它的精致，当你用手触摸木材时，你没有这样的感觉吗？这很奇特，因为碰到硬邦邦的东西，我们会想要远离它，但是触摸到它的愉悦感受，则让我们想要和它有着亲密的连接。从这里，我们看到人类先天的渴望，我们终于明白，是触觉将自己与其他相关联的事物分离，然而你也知道，自己并不想置身于这个宇宙之外，这就是我所要表达的。（艾伯特·索斯曼《十二感官》）

我们提供给孩子什么样的东西，最重要的是能否滋养孩子的感官。与天然的物品接触，对孩子的触觉会有比较好的发展，比如精致的木质玩具，

柔软的丝绸或羊毛娃娃一起玩，与塑料玩具之间是有差异的。

父母为孩子亲手制作玩具、玩偶，孩子看得见这个过程中示范的榜样，那份鼓舞与影响力非常巨大。采用纯天然的材质，经过巧手巧思做出来的贴心礼物、玩偶会特别滋养孩子（以及成长）的心灵和精神世界，是亲近自然的触摸与内在关系的联结，这里面有爱与温暖。父母鼓励孩子一起亲身参与动手制作、创造出他喜欢的玩具，更是绝佳的学习体验过程。

小虎爸妈都热爱大自然，喜欢户外活动，从小虎还是婴儿时，每个双休日就必定选择一天带儿子去公园或郊区玩，不去人多热闹的游乐场，专门跑到人少的树林里和河边，让儿子自由奔跑、爬树，与他在大自然里一起尽情撒欢。习惯随手捡些树枝、树根、树皮，搭建一个森林小屋，与小兔子、小羊等动物们玩一场游戏。回家之前，允许小虎捡些树枝、石子、贝壳或落叶带回。于是，小虎的小屋里堆满了各种各样在树林、山上或海边捡回来的东西，这些都成了他的宝贝玩具。

小虎 2 岁多的时候，有一天，小虎爸搬回家几根很粗大的树枝，小虎妈看见后对小虎爸说："这个可以给咱儿子当玩具，你锯短点，再把树皮全剥了。"小虎爸果真买来木工工具，利用休息日认真地为儿子锯树枝，把树皮剥掉后再打磨光滑，几根粗壮的木树杈，大大小小的小树墩，成了小虎妈带儿子玩"蘑菇森林"情景游戏里的主要玩具。小虎妈用自己染的一条蓝色丝绸当河流，木房子、木栅栏、小马等木制玩具是之前专门收集采购来的。用无纺布做的七彩小人，成了住在森林里的小绿人、小黄人和他们的朋友们。每天，他们都要上山采蘑菇……故事就此展开。

从那以后，小虎每天都拿出这些树杈、树墩，摆在桌上或地下，然后再找出无纺布做的小人，木制的小马、小牛等，摆出一片树林、一个花园或一个农场。那些爸爸、妈妈手工制作出来的纯天然玩具，被小虎每天反复使用，每天搭建出的情景都不一样，在不同的空间里，尝试变换不同的色彩，摆放不同的东西，设计不同的位置关系，假设不同的角色，讲述不

MEET ANGEL

孩子比我们想象的要结实耐“磨”得多，育儿的科学规矩也没有我们想象的那么缺一不可。

同的故事。小虎对这样自由的、充满想象力和创造性的游戏非常着迷，从2岁多到7岁，依然乐此不疲地持续玩耍着。

上幼儿园之后，在不同节气和节日里，小虎会帮助妈妈一起布置“季节桌”，听妈妈讲述四季的故事，知道一些新鲜的趣事，应景换上不同颜色的丝绸做布景，做不一样的手工装饰，全然一新。圣诞节到了，下雪了，圣诞老人来了。妈妈带儿子一起用剪纸做出雪花，浇铸蜡烛定型成圣诞树；用羊毛粘做一个圣诞老人的立偶，编钩出一顶红色小帽子和一条小围巾给他戴上；在爸爸锯的小木块上，彩绘圣诞老人的脸。春天来了，鸟儿在树上忙着筑巢：妈妈粘制出小鸟（摆上树枝比例有些大，被儿子嬉称是大胖鸟），小虎搓出羊毛球当鸟蛋，再剪些纸条儿当干草。

小虎长到能走路会动手，就在妈妈的启发、引导下，开始体验各种手工制作，剪纸、折纸、拼贴、缝纫，学会一些基本办法，能完成简单的工作。小虎妈偏爱软手工，小虎爸主打硬手工，小虎的动手能力有机会在父母的“软硬兼施”中得到很好的磨炼和体验。6岁后，他可以协助爸爸一起做木工，爸爸钻、锯、凿，他帮着砂纸打磨。常常爷俩忙活着一连鼓捣好几天，一个个木头手枪、大刀，还有飞机、船被做出来了。哇，小虎超爱和爸爸一起做的这些木制玩具。

从小婴儿开始亲手触摸纸张、棉布、羊毛等纯天然的材质，亲身参与到爸妈纯手工制作的全过程中，亲手采集大自然的花朵、枝叶和果实，亲眼看见一年四季的时光流转和季节更替，年复一年，日复一日，身体的感知、生活的经验和生命的故事，在小虎的内心慢慢被唤醒、呈现出来，他兴趣盎然地积极主动投入，非常专注于享受乐趣，在这个丰富多彩的世界里，更加自由地行动。

今年快要上小学的小虎已经可以独立地完成很多事情，不仅会说故事，会手工制作，他还喜欢画画，呈现出自己内心想象和希望的一幅幅图景。

前几天我去小虎家，他见到我说：“你看，大姨。”然后带我进入他的屋里，我看见墙上贴着他画的四幅四季的连环画，一下子惊住了，其中一幅画特别吸引我。没想到，他竟然选用宝蓝色的纸做底色，天上白色的云朵，地面笔直竖立又粗壮的两棵树干是褐色的，黄色和红色的树叶，有的挂在树枝上，有的飘在空中，有的落在地上。爸爸、妈妈、他和心爱的小狗，用了绿色的简洁的线条勾勒。整个画面构图完整、对称又平衡，用色大胆又鲜明，我不禁惊叹，这个孩子将日常生活经验结合自己的想象一起画了出来，还有情节和情感的表达，全都是自发自主的活动，说明他在身体、色彩、空间、协调、平衡、创意等多方面的感知与能力已经统合发展出来，令人可喜欣慰。

我相信，如同一棵树，生长的方向和力量，有来自于由外向内与由内向外、向上的与向下的不同方向和方式。如果孩子是树，我们就是土壤，我们尽可能地创造和给予自己和孩子一种最接近自然、美好的生活方式，这就是我能想到的最好教育。

互动与社交：我们一起玩出“戏”

不知不觉中，小虎 5 岁多开始邀请其他小朋友来家里一起玩，从自给自足的自由玩耍状态，过渡到建立社交关系，与小朋友合作布置“偶戏桌”，一起操纵空间、光线、戏偶，全是自然而然发生的。

有一天，我刚进他家门，就看见小虎一脸神秘的表情，拉着我进他的小屋。

他小声地告诉我说：“我们布置好了，一会儿要演戏。”

“对，小虎大姨，我们一会儿要演戏。”他旁边的小女孩大声地宣告说，一脸兴奋的样子。

我往屋里瞟了一眼，看见小木桌被一块红色的纱巾蒙了起来，心想这就是两个小家伙精心准备的“偶戏桌”，神秘而令人期待。

说完，两个小伙伴开始找纸找画笔，念叨着要画门票，然后他们跑到客厅的茶几边，开始剪纸，认真地画起来。过了一会儿，他们忙完了，开始挨个给小虎爸、小虎妈、姥姥和我几个大人各发了一张“戏票”，算是发出正式的邀请。

送完票，两个小伙伴躲进小屋，关上了门，不知道在准备什么。过了一会儿门开了。

“看戏了，快来看戏了。”一边吆喝着，一边偷偷笑，估计是觉得自己的言行新鲜有趣吧。

看见两个孩子站在小屋（好像小小剧场）的门口收票，像模像样的。这个部分，没有人教给他，我猜想可能是去剧场里看演出学来的。

对于小朋友第一次公开表演的处女作，大人们自然是欣然捧场的。走进小屋，看见戏台前面摆着一把把小椅子，是留给我们几个观众的。于是，我们几个大人也认真地坐下，静等着好戏开演。

两个孩子一左一右站在小桌子后面，一脸平静、淡定，他们开始唱歌，唱的是幼儿园老师自编的带孩子们晨圈的合唱歌曲。他俩一边唱一边掀开红纱巾，仿佛大幕拉开，好戏开始啦。我的心情一下子安静下来，屏气凝神地注视着他们。接下来，小虎先是慢慢地点燃一个个蜡烛，继续营造气氛；另一个女孩子站在后面双手拿着红纱巾当布景，小伙伴之间的协作开始变得默契。之后，小虎又一个个熄灭了蜡烛。这一切进行得井然有序，仪式感十足，孩子们的神情看上去依然相当的平静、淡定，身体的姿态放松又自在，仿佛做的都是再自然不过的平常事。我的心被触动，惊叹于 5 岁多的孩子的模仿力与表现力，以及营造出的现场气氛和仪式感。

再仔细一看，摆在“偶戏桌”上的物件（道具）可不少，都是家里平时玩的随手找出来的：贝壳、木块、松果、木房子、两个小矮人。那架飞机是小虎几天前用冰棍棒做的支架，用彩色黏土捏出来的。这是他们自由想象并创作出来的世界，人与动物，树木花草，生机盎然地呈现在那里。

熄灭蜡烛后，小虎走回“偶戏桌”后面，鼓弄出八音盒的旋律，优美的背景音乐开始响起。大家静静地聆听着……过了一会儿，他站起来，又走到“戏台”前，拿起一个道具玩偶，边配音效、边操玩偶、边换位，有条不紊地开始“表演”。这一次与之前的大不同，没有语言，全靠身体、声音，他一个人在不同的角色间（动物、植物和人物）变来变去，我看见一幅幅图景出现在眼前：

飞机，嗡嗡地飞过天空。

一只青蛙，“呱呱”叫着从河里跳出来。

小矮人从小房子里走出来，在田野里漫步。

一片红色的枫叶从树上飘落下来。

秋姑娘来了。

看着小虎那么专注、认真地演绎着，无声地呈现出一个属于孩子内心精神世界的故事，全部出自于他自己的想象、创造，我发自内心地欣喜和感动。

这样的表演方式，在儿童剧场里一般都是大人演给孩子看的偶戏，在欧洲很普遍。我没想到，5 岁多的小虎居然能呈现出如此丰富多样的表达，而且巧妙地发展、整合在一起，简直就是一出独角戏的雏形，人物、空间、舞美、灯光、道具、音乐、表演，所有的舞台环节一个也不少。虽然不是完整的故事，还很幼稚和粗糙，然而那么多闪亮的瞬间，温暖的诗意，优美的图景，引人入胜。

6 岁之后，在幼儿园里，小虎与小朋友的互动越来越多。听说春季开学后，他开始每天中午给全班的小朋友表演“滑稽戏”。就是吃完饭，洗刷完，准备午休前，小虎一个人扮演角色、说演故事给老师和同学看。据说，最开始扮演的是大熊猫小灰灰的故事，这是春节后我和妹妹带他去成都大熊猫基地看过大熊猫，又看过一部电影《泥是哪个》[④]引发的。

我们都没有想到他会以这样的方式，开启个人正式的处女“展演”，从在家私下的趣味活动，到主动公开“展演”分享给更多的人，经历一个

---

④ 成都大熊猫繁育研究基地大话熊猫 3D 特别版。

人扮演多角色的独角戏经验，小虎同学表示很享受自己的言行能把大家都逗乐的感觉，也非常期待每天中午这个美妙时刻的到来。每天可以扮演不同的角色，哪怕是摔了一跤掉进臭水沟里都开心。独乐不如众乐，在他看来，这就是最棒的经验。

我们常说："孩子，希望你慢慢长大。"事实上，孩子长得很快，有时候一天一个样，一不留神就变了。

几年间，仿佛一眨眼，小虎就到了上小学的年纪。换牙后的小虎特别爱说："我发现……"他在发现，他也喜欢带着我冒险一样地去发现更多的可能。我从心底感谢这个孩子，他也陪伴了我。我们在一起即兴对话、编说故事，瞬间碰撞出好多火花，丰富、精彩又引人入胜。我觉得很满足，也很享受自己与小虎之间的亲密互动。那些一起玩耍的欢乐情景，温暖陪伴的时光，常常带给我莫名的感动。

故事、戏剧的方式，滋养着孩子，也滋养着我。如同神奇的魔法，映射出我们心灵里的图景。

我是职业戏剧人，我的生活也充满戏剧。我与艺术、戏剧、教育、孩子之间的奇遇记还会不断上演。

如果有一天，我们相遇，希望你可以记得我和我的故事。

希望你和孩子可以说演自己的故事。

每个孩子都是独一无二的。

每个孩子都有诗一样的梦。

我们所有的努力，都是因为爱，都是为了孩子。

04 接纳

我的“不完美”小孩 // 鸭鸭妈

为人父母，我们不能按照自己的想法去“刻画”一个孩子，而只能跟随孩子自己的节奏和步伐，帮助她找到自己内心的种子。

不做“完美”妈妈

我37岁生我女儿，当了“高龄”妈妈。备孕时，因为我的工作需要频繁出差，为了彻底调养身体只好先辞职回家休养。接着是怀孕、生产，一路带孩子至今，目前还没有重返职场，一直是一个全职妈妈。年纪大做父母，最大的弊端就是思虑太重，人生的阅历越丰富，遇事越思前想后、战战兢兢，反复权衡利弊，总想做到最好。在以往的工作中，因为我的完美主义性格，我确实能够把事情做到尽善尽美，做出了很多成绩。然而，在育儿这条道路上，我却因为完美主义而频频遭遇困扰，不得不重新审视自己的人生态度。

我本科学临床医学，硕士主攻免疫病理，平时经常给周围朋友做医学顾问，碰到生儿育儿这么合我专业的事情，从怀孕开始我就本着一种职业病的心态开始疯狂地学习，看各种孕期健康书籍，混迹各种网站、论坛、著名博客，英文的资料也大篇幅地啃着，先生也是买了大摞的育儿书籍回来学习。周围的亲戚、朋友知道我怀孕后，也都纷纷热情地献计献策，给我们“支着儿”。我俩一下子被淹没在知识和信息的海洋里，越是想掌握更多细节却越是不得要领。而在大量信息之下，原本还有些自信的我却越来越感觉自己准备不足，总是觉得有些事情没有考虑到，满心的焦虑。

我是急诊入院生产的，比预产期整整早了1个月，在手忙脚乱、全无准备的情况下，孩子就出生了。之前在脑海里预演过无数次的戏码根本无法上演，比如没有母乳必须加奶粉，奶粉、奶瓶都是医院现有的牌子；月嫂是医院月嫂公司里临时找来的一个白胖顺眼的大姐，完全来不及打听专业技能。我躺在产科病房好长一段时间脑子里一片空白，看着身边的孩子，很难接受我已经是一个“妈妈”这个突如其来的现实！这也是我第一次发现，在生儿育儿这件事情上，无论你觉得自己准备得多么充分，实际发生的总有意料之外的情况，追求完美在育儿这个领域是难以企及的幻想。只能接受现实，相信自己的判断和能力。

出院后我开始在家坐月子，有爸妈和月嫂在，除了喂奶我基本没什么工作，舒舒服服休养了近一个月。26天后月嫂下户，我从此开始自己管孩子了。爸妈主要买菜、做饭，张罗我们的生活；先生工作繁忙，频繁出差，只能赶上他在家的时候临时帮些忙。之前对于即将到来的日子倒没有太多的顾虑，我平时自己做家务，动手能力很强，大学时又做过一整年的实习医生，给孩子洗澡之类的操作流程看看月嫂怎么做，自己很快就学会了。但是，独立“上岗”第一天我就直接累到虚脱。

白天月嫂走了以后，先生上班，爸妈出门买菜，我开始按照各种育儿书的要求自己给孩子洗澡、抚触、喂奶。女儿频繁地哭，我只好不停地抱着她走、不停地喂奶。此外，还要换纸尿裤、洗屁股，同时自己一日多餐保证产奶。所以，第一个白天在手忙脚乱、疲于应付的状态之下勉强撑下来。但是，一切仅仅只是开始。

夜晚来临，我自己带着孩子在卧室休息，为了保证先生每天有体力上班，我让他搬到书房去睡了。爸妈也在他们自己的卧室里。夜里，女儿30分钟或者1个小时哭一次，我怕吵醒了爸妈和先生，每次女儿哭我都是一跃而起立刻抱起来喂奶，然后拍嗝、哄睡。一番折腾下来，好不容易安静了，躺下没多久我刚要睡，她那边“哇”的一声，于是刚才的一切再来一遍，我几乎彻夜未眠。而天亮后依旧有白天的事情要忙，真的要崩溃了。

我一直奶量不足，可是一想到母乳的重要性就硬挺着坚持喂，孩子一会儿就饿了，所以就是不停地哭、不停地喂，循环往复。还要找各种正方、偏方催奶，吃各种奇奇怪怪的东西，但是一点效果都没有。此外，每天要对着各种育儿书检查“工作”，看看自己哪些没有做到，要关注什么情况，怎么早期开发智力，比如要给孩子听音乐，等等。这样的日子持续了两三个月，因为是冬天，我几乎天天在家里待着，人胖到变形，差不多 24 小时抱着孩子。有天黄昏的时候，我坐在沙发上忽然就没来由地落下了眼泪，完全控制不住情绪，觉得自己在黑暗的深渊里深不见底，看不到光明。

后来有一天，我以前的同事打电话来问候，她比我早当妈妈 1 年，问起近况我一时失控，滔滔不绝地抱怨起来。她听了我的困扰，说孩子多半是吃不饱才闹的，建议我考虑放弃母乳改用奶粉喂养，至少可以混合喂养。挂了电话我坐着想了好久，重新审视了自己乱糟糟、全无头绪的生活，琢磨着同事那句“把孩子喂饱”，忽然发现自己每天忙忙碌碌却没有抓住问题的重点，不管科学怎么说，不管有多少重要的事，现实是我和女儿首先得活下去啊！怎么又重新走上了苛求自己完美的道路了呢？于是，我下定决心全奶粉喂养，不再折磨自己产奶了。

这个动作就是在我无边的黑暗中抠了一个洞，我的生活里终于透进了光线。首先，不喂奶之后，我的饮食就不用那么在意了，我是咖啡狂人，从怀孕就痛苦地坚持不喝，现在终于又可以体会那股醇香了。还有各种美食，那些有丰富味道的食物，让生活陡然明亮起来。对于每天的琐事，我也不再按照时间表机械地执行，在自己睡眠不足、体力不支的情况下，休息是第一要务，洗澡、抚触、添加辅食甚至外出散步都可以往后放，或者让爸妈代劳，首先保证自己的体力和精力。在体力充沛的情况下，再尽力把育儿做到细致周到。慢慢地，女儿因为吃得够饱，晚上睡眠时间越来越长，到半岁的时候几乎可以睡一整夜，人也白白胖胖起来，再也不是早先黑瘦的样子。我自己也不再过度焦虑了。

所以，我的育儿第一课，就是遇事分出轻重缓急，不强求完美，不要给自己强加难以承受的负担。这个思想也一直影响着我现在带孩子的生活。

比如，特别疲惫的时候就不要硬撑着给孩子做饭了，随便吃点什么，自己先好好休息。外出旅行时，孩子的午觉不用苛求定时定点。赶上女儿实在太饿了，而周围像样的饭馆只有连锁快餐店，那也不妨进去吃点不健康食品。

总之，孩子不是按照表格长大的，有些时候实际情况就是不能按照既定的路线完美前行，而孩子比我们想象得要结实耐“磨”得多，育儿的科学规矩也没有我们想象的那么缺一不可。

我的“不完美”小孩

女儿 3 个月全奶粉喂养后，我确实过了一段舒心的日子。虽然每天的日程还是忙忙碌碌，但是心情还不错。然后，新的问题就来了。以至于后来我先生总是说，在养孩子这件事情上永远都不要放松警惕，不要高兴得太早。

这次的问题是——女儿一直都不会爬，到她 1 岁开始走路了居然还爬不出去。我们用尽了各种办法教她、劝她甚至逼她，完全都没有效果。最经典的一次，我们让她趴在地毯上，鼓励她爬到前面去拿玩具，女儿就一直哭一直哭，但是纹丝不动，最后她都哭睡着了，居然还是我们之前给她摆好的姿势。我和先生看着撅着屁股趴在地毯上睡得舒适安稳的女儿，俩人都气笑了。我们实在不明白这本该是天生就会的活动，怎么到了她这里就这么难。不会爬直接走路的后果，就是她不会摔跤。会爬的孩子先爬然后扶着椅子站起来慢慢走，走不稳的时候会屈膝回到爬的状态。而我女儿走不稳的时候都是直接全身直挺挺地扑倒在地上，后来她跑的时候也会莫名其妙摔得很惨。因为容易摔跤，在女儿会走后很长一段时间我们都一直要牵着她的手，让人提心吊胆。我记得我女儿最终是 1 岁半才会爬，还是我们反复训练后的结果。

其实，不会爬本身倒不是什么问题，伴随她不会爬，另外一个显现的问题是她极度认生。只要不是在我家里长住的人，她都不敢睁眼睛看，看见就立刻哭起来，这居然包括她的奶奶。奶奶虽然不和我们住在一起，但是每周都来看她，忽然之间，奶奶一进门她就哭得没完没了，我们带她去奶奶家也是进门就哭。带她去饭馆和朋友吃饭，她坚决不进包间，进去后就闭着眼睛坐在餐椅上哭，没完没了。最尴尬的莫过于坐电梯，上来一个外人她就开始大声哭。带她去朋友家，我和先生得轮流陪着她在里屋玩，直到我们告辞出门。

一则关于“感觉统合失调”的文章让我联想到女儿的这些行为，后来上网查阅了相关中英文资料。关于“感觉统合”，百度百科的解释是：“感觉统合是指大脑和身体相互协调的学习过程。指机体在环境内有效利用自己的感官，以不同的感觉通路（视觉、听觉、味觉、嗅觉、触觉、前庭觉和本体觉等）从环境中获得信息输入大脑，大脑再对其信息进行加工处理（包括解释、比较、增强、抑制、联系、统一），并做出适应性反应的能力，简称‘感统’。”

所以，通过感觉统合，个体能够顺利地与环境接触，并做出适当的反应。没有感觉统合，大脑和身体就不能协调发展。感统失调的原因很多，比如孕期胎位不正，营养不良；剖腹产的孩子没有经过产道挤压，缺乏最初的触觉、本体觉和前庭觉的体验以及学习的过程；还有哺育的时候缺乏足够运动，等等。感统失调的表现也有很多方面，触觉问题包括躲避接触，固执于某些物件，要时刻抱着才有安全感，不爱玩身体接触的游戏，嫌弃某些质地的衣物。讨厌被触摸，讨厌理发、洗澡、刷牙等。本体平衡方面的问题包括手脚笨拙，容易跌倒。此外，感统失调的孩子也容易出现以下问题：如不合群、孤僻，自信心不足，遇到困难容易沮丧，依赖性强，等等。而不会爬是感统失调一个特别重要的表现。

基于各种资料，结合我怀孕生产的情况以及女儿的表现，我们初步判断女儿至少存在触觉敏感的问题。因为除了不会爬、认生之外，她也不喜欢刷牙，非常惧怕剪指甲，只能穿全棉内衣且不能有任何内部标签，从小都要一直抱着她的小枕头，尤其睡觉的时候，去幼儿园都得带着。此外，她也存在动作不协调和笨拙的问题。感统失调发展到极端就是多动症和自闭症，想到这些，我难免不寒而栗。但是好在女儿的情况不算严重，而且年纪小，还可以通过训练改善。

上网查询之后发现，除了去儿童医院就诊，我家附近有一所专门针对感统失调孩子的训练营。我觉得主办者能提出“感统失调”并进行针对性训练，说明他们还是挺专业的，想先就近试试，于是打电话去约了试课。接待我们的老师先询问了孩子的平时表现、哺育方式以及我怀孕时的一些情况，然后对我女儿做了一些诊断测试，指导我带着她做了一些活动。

我印象深刻的是，她坚决不肯到海洋球池里去，特别恐惧的样子，我在游乐场看过别的孩子都是一头扎进去的。测试结束后，这位老师说我女儿确实有感统失调的表现，尤其是触觉敏感（所以她不敢跳进海洋球池），与我自己的预测差不多。老师说，如果愿意可以报几节课，会给她设计些针对性的训练科目，比如触觉训练，还有平衡训练。那天我也看到了其他孩子上课的情形，包括一些多动症和自闭症的孩子，觉得很多项目的设置还是挺有意思的。后来在楼道里又和刚刚下课的一位家长简单聊了聊，她儿子有自闭症，还有身体协调性的问题，在这个训练营上了快半年的课，她认为还是挺有帮助的。

后来，我女儿在这里上了 3 个多月的课，基本上每周 1 ～ 2 次。我记得有一个项目是让她串珠子，老师偷偷用毛笔刷她的脖子，训练触觉感受。开始的时候她吓了一跳，然后慢慢适应。下课后，老师会布置一些项目回家自己训练，比如用按摩球敲她的皮肤。最后几节课的时候，我女儿终于敢跳进海洋球池了，平衡木也走得挺稳，有些有难度的动作也敢尝试了，还是很有进步的。但是，认生的情况短时间内改善得不明显。

第二期课程结束时，我感觉那里老师换得太勤，一下子来了好多新面孔，业务不是太熟练，加上我女儿开始上幼儿园了，抽不出太多时间，而上幼儿园本身对她也是很好的训练，所以我们就没再去过那个训练营。平时在家的时候，我还是坚持给女儿做一些相关的锻炼。

女儿 2 岁 10 个月就读幼儿园。上幼儿园哭是每个孩子的必经之路，有的哭 1 天，有的哭 1 周，我妈说她同学的孙女哭了 3 个月，我还曾经笑话人家，结果我女儿哭了整整 8 个月！送的时候哭，接的时候还要哭，这么凄凄惨惨地哭了 8 个月。人家的孩子都高高兴兴到教室里去了，她还紧紧地抱住我们不放。幼儿园户外做操的时候，我们在楼上能远远看见她，她永远站在最后一排一动不动。

最哭笑不得的是圣诞演出，幼儿园专门租了礼堂让所有家长前去观看，轮到我女儿的班级出场，当全班小朋友载歌载舞、蹦蹦跳跳的时候，我女儿坐在地上纹丝不动！音乐结束，大家谢幕、退场，她还是没有动，最后是被跑上去的班主任老师抱走了，我和先生坐在台下长出一口气，总算都过去了。

女儿在幼儿园的第一年的时间里，我和先生花了很多时间帮助她进行身体协调的训练，鼓励她尝试那些有挑战性的活动，比如走平衡木，攀爬有一定高度的架子，等等。等到她第二年升到小班，虽然吃饭依旧很慢、挑食（这和她触觉敏感有很大关系）、胆小，总是自己默默地玩，户外活动时间还是不敢自己去大滑梯，但是至少送的时候不哭了，能高高兴兴到班里去。做操的时候能认认真真跟着老师比画动作，全情投入。在教室里喜欢看书，认真听老师讲故事，遵守纪律，体育课测试达标。对比前一年的表现，我和先生都感到女儿有了很大的进步。此时，我们看着自己这个有点先天不足和晚熟的孩子，正以她自己的节奏适应着周遭的环境，发现有趣的事物，努力完成她能够完成的任务。

提前总结一下，到目前为止，我们在女儿感统失调康复训练方面的体会：到女儿现在 9 岁为止，其实还是能看出感觉统合方面的问题，比如体操课上翻跟头还是有困难，陌生环境会紧张，学校里不认识的老师和她说话，她不敢看人家的眼睛，不愿意自己去柜台买食物，衣服里面的标签一定要剪掉，抗压能力不足，容易气馁，等等。但是，这些年观察下来，随着年龄的增长、活动量增大、外界接触的增多，情况正在一步步改善，没有导致严重的影响学习和交往的问题。

目前，虽然我和先生作为家长能敏锐地感觉到女儿的“缺陷”，但是在她所处的环境里，女儿就是一个有缺点的正常孩子，听课、阅读、计算能力和同龄的孩子没有差别。比起 2 岁多的时候，真是天壤之别了。这一路陪着女儿长大、成熟，感觉家长能做的一是接受，二是耐心，三是鼓励。尤其是耐心，越急越把孩子往反方向推。

此外，早期发现、早期训练也非常重要。我身边接触过两个逐渐发展成自闭症的孩子，都是我女儿的同学。他们 3 岁左右开始有些异常表现，比如无法交流、多动，校方和家长联络，建议去就诊和进行康复训练，但是家长都极力抗拒，坚决说“孩子没问题”。后来，其中一家慢慢也觉得孩子看上去有些“怪怪的”，于是去儿童医院就医，参加训练课程，目前情况稳定，虽然没有完全恢复，但是孩子与他人的语言交流能力和互动能力明显有所提高。另一家始终认为孩子就是晚熟，坚决抵触就医，最终 6 岁时行为完全不能自控，被公立学校劝退，建议去特殊学校就读。

慢慢爱：放慢节奏，静待花开

入读多伦多幼儿园

2011 年，我带着女儿到多伦多居住，先生需要在国内工作，全家多半是在假期的时候团聚，所以，之后这 5 年间大部分时间是我自己单独照顾女儿。那时候对于培养她生活自理的焦虑渐渐褪去，她不需要穿纸尿裤了，自己可以走路、吃饭，语言流利，而关于性格、能力的问题又渐渐显现，作为父母，我们开始了新的焦虑，新的尝试，新的碰壁，也有了新的领悟。

我和先生到了多伦多安顿下来之后，第二周赶紧就带着女儿去所在学区的小学报名，报名时才得知 JK 和 SK（分别指 Junior Kindergarten 和 Senior Kindergarten，学生的年龄相当于国内的中班和大班）都是半天（多伦多到 2013 年才把 JK、SK 改为全天），我怕早上女儿起不来，所以选了

12:30—3:00 的下午班。其实，所谓的下午班就是两个半小时而已。从北京幼儿园的 8:30am—5:00pm 外加三餐两点，家里有阿姨，到多伦多这两个半小时的 JK 外加不管饭还要自带 snack（点心）和水果，我身边还少了父母、阿姨的帮助，先生每次来的时间最多也就 1 个月，全新的生活场景是：绝大部分时间里我除了需要自己独立照顾女儿，还要买菜、做饭，对付我们的一日三餐以及打扫，巨大的生活反差让我一下子觉得好像忙不过来。

送女儿去了学校，我就赶紧去超市采买或者回家整理内务。然后一天接着一天，我慢慢找到了适应新生活的节奏和办法，比如多久需要开车去一次华人超市，怎样快速做出一餐饭。我慢慢习惯了女儿每天只有两个半小时在幼儿园的日子，觉得没有必要送女儿去 daycare（托儿所）了。而且后来我发现，正是这样一段半天上幼儿园的日子，让认生的女儿在进入新集体时有了很好的缓冲期，压力没有来得太凶猛，让她每天能保持愉快的心情，也算意外收获。所以，凡事别急于抱怨，也许是命运给了我们一个更好的安排。而我也和女儿有了一段更加亲密的时光，我利用这些时间给她讲故事，和她交流，比起在北京时 8 个小时在幼儿园里，我有了更多时间了解和掌握她的想法。

说到适应新环境，这也是我第一次独立带着女儿在异国他乡过日子，靠着以往的历练，虽然我时常也处于手忙脚乱的状态，但是内心并没有太强烈的孤独感或者无助感。从小走南闯北，我是个特别“皮实”的女生，或者按时髦的说法，是个“女汉子”。17 岁去外地读书，从此开始自己在外地独立闯荡的日子。跟同学出门旅游，复习考研，和先生到北京做“北漂”，找工作，租房，出国出差……每次看到自己那些“妈宝”亲戚们，我都很庆幸自己曾经的历练。感谢父母给了我最大的精神支持和必要的物质帮助，但是放手让我自己独立面对自己的人生，让我能靠着自己的判断解决自己的问题，也面对了失败和教训并从中学习了属于自己的人生经验。这一切让我在关键时刻有更多的勇气和选择。看着周围亲戚、朋友里那些在父母过度呵护下长大一直到结婚、生孩子的兄弟姐妹们，感觉他们遇到困难首先想到的是向父母寻求帮助而不是自己想办法解决，容易退缩，人生少了很多有趣的可能性和丰富的色彩，也有可能因为缺乏勇气而错失人生的良机。

“孩子总有一天要自己过马路的”，做了妈妈才明白了这句话的含义。父母不可能包办孩子的一生，学会放手，让孩子学会独立面对生活，这对自己是交代，对孩子是支持，也是双赢。所以，如开头所说，我出了月子就开始自己全面负责女儿的生活起居，爸妈特别相信我的能力，觉得我比他们强。到了多伦多，生活琐事方面诸如和老师交流、办理证件、坐公交等我也都能独立应对。我爸妈从一开始就相信我有足够的能力照顾好我自己和孩子，隔着大山大海，他们安心于自己每天的生活，不必天天揪着心等我按时打电话回去。每每想到这些，我都告诫自己，现在和将来，也要努力让孩子有独立的思考和判断，学会放手。

这段适应多伦多的日子，以及这整个 5 年中我独立带孩子生活的时光，平时聊起来都是自己如何辛苦，但是辛苦之外，我也感谢上天给我一段安安静静的时光，让我有机会静下心来仔细观察孩子，观察自己，充分了解我女儿的性格和内心，了解她的长处和弱点，从而领悟我的育儿之道。

融入新班级、新语言、新环境

这样，到了 2011 年 9 月底，我女儿开始在多伦多北约克区一间公立小学的 JK 年级就读。这次女儿居然只哭了两天，第三天就开始高高兴兴地进教室去了，我和先生都觉得不可思议。因为女儿班上的窗户对着路边，过了一周多，有天放学时我和先生早点儿到了学校，然后偷偷从教室的玻璃往里面看，了解一下她到底在做什么。记得那天老师在给大家讲故事，小朋友们围着老师坐着听，可是我女儿就在教室后面的玩具区那里摆弄，老师也没有管她，女儿就很自在地忙着她手里的事情。为此，放学后我们特意留下来问了女儿的情况。班主任老师说，挺好的啊！你看她现在都不哭了。我说，可是她没有和大家一起听你讲故事啊。老师的回答是，她现在还听不懂就不强迫她了，只要不打扰别人，她自己可以在玩具区或者图书区安静地做自己喜欢的事情。慢慢来，先熟悉环境再提高语言和交流能力。

我由此明白了女儿为什么每天都很开心：上学时间比北京的幼儿园时间短多了，户外活动时可以在操场上自由活动（操场有滑梯组、沙坑等），而不是排队做操。教室里有玩具，有图书，老师又不硬性要求做这做那，比如没人强迫她午睡或者要求她把饭都吃干净，不需要当众表演节目，开始的时候老师甚至连讲故事都问她是否愿意一起听，不愿意就算了，生活随意自然。此外，她毕竟在北京上过一年多幼儿园了，分离焦虑没有那么严重。我发现女儿是那种只能“温柔以待”的孩子，在严厉的管教之下，她会非常焦虑和抵触，反而无法“进步”。这也算是她感统失调的一种表现，容易产生挫折感。多伦多幼儿园宽松、随意的环境增加了女儿的自信。

虽然女儿每天在学校很高兴让我感到特别安慰，可是我还是总希望她能尽快跟大家流利地进行语言交流，融入集体。女儿来多伦多的时候几乎不会英文，上学那天好像只知道 washroom（卫生间）怎么说，还是我出门前在家里反复教的。很多人告诉我，孩子适应得快，两三个月就能听懂会说了。可是真的到 3 个月的时候，我发现女儿还是听不懂，更别提说了。于是，我每天都会教她几句常用语，但是学习效果始终不明显。上学时间短、课堂纪律宽松让她不再焦虑，但是也因为缺乏高强度的灌输，造成了她的语言进步慢，所以新环境有得也有失。但是老师也说了，有的孩子就是要等到他／她有了充分自信才会正式开口说“外语”，之前他们心里虽然已经有了一些积累，但是在外人面前羞于表达，所以，要耐心等到他们建立充分的语言自信后，才能看到他们开始用新的语言交流。

从此，每天放学后我就不再强制给她灌输词汇，而是问她今天在学校都干吗了，偶尔会用一些英文词汇夹杂在里面。女儿会说起谁哭了，谁调皮了；跟爸爸视频的时候会眉飞色舞地讲起班级里的搞笑事。渐渐地，她在家里能叫出班里所有小朋友的名字，那些英文名字都说得很流利也很准确。但是回到班上，还是以点头、摇头为主。先生说，女儿表面上波澜不惊，但是可以感觉得到，她一直在默默地仔细观察、聆听周围的人和事，特别关注细节。有些班里的事情，别的家长都没有听自己孩子说起过，而女儿就会跟我汇报，说明她确实在内心里暗暗地学习着、领悟着。等到了SK大班的时候，有次他们外出去动物园参观，回来后老师特意跟我说，今天她主动说了很多单词，比如“fish（鱼）”“bird（鸟）”。老师说，你看，其实孩子心里知道很多，别着急，等她准备好。

课堂内外，和朋友的相处之道

虽然老师总是一副nothing to worry about（不必担心）的表情，但妈妈是不会停止操心的。我又开始担心她没有朋友。女儿刚上JK的时候，因为大人们之间的友谊，女儿认识了我们朋友的女儿点点，点点和我女儿同年，就在隔壁班就读。女儿性格内向，不容易相处，之前在北京的幼儿园里她从来没有和哪个小朋友玩得比较亲密，都是独来独往。现在，因为我和点点的妈妈常常在一起聊天，女儿能有很多时间和点点相处，慢慢成了好朋友，算是人生的第一个“闺蜜”了。

女儿在和点点玩的过程中，学到很多和朋友的相处之道，谦让、分享，领导、跟随，一点点磨合着友谊，这些经验父母很难“教”会孩子，只能靠他们自己在实际生活中领悟。这也算是她迈开“独立”的第一步吧。我和点点的妈妈虽然陪伴左右，但是尽量不干涉她们之间的互动，即使闹别扭，也尽量让她们自己想办法解决。如果小朋友不想在一起玩了，大人也没必要过分“撮合”，要尊重小朋友的天性。

虽然女儿和点点玩得很亲密，但是她们俩不是一个班的，平时班级活动、户外散步、外出远足，要好的小朋友都会在一起，我女儿在自己班级里很长一段时间就自己独处着。因为和班里其他家长不是很熟，我也没办法短时间内按照她和点点的路子帮助女儿找到新朋友。此外，女儿的学校是每年分班，每个新学年所有学生打乱重新组合成新的班级。前一年还是一个班的密友，新学年往往就“劳燕分飞”，各自去新班级了。因为这样的情况，女儿每年开学都会有很长一段时间独处，不能很快在班里找到投脾气的朋友，下课了别人三三两两到操场上捉迷藏、挖沙子，她就自己玩或者去找以前的好友。

学校操场四周是矮矮的铁丝网，女儿下课后我有时候会走过去看看；或者赶上班级活动，老师需要家长帮忙，我也会在教室里看到她的情况。我发现女儿是“你来和我玩，我就和你玩，但是我不去找你玩”的那种孩子，让人感觉不太热情。别人和她打招呼，女儿往往只是淡淡地看一眼人家，然后只管自己走路。这和她从小敏感、认生、害羞是一脉相承的。

既然发现了问题，总要和女儿推心置腹地谈谈。我苦口婆心地给她讲各种大道理，让她主动结交朋友，走出去云云。不过，真是“江山易改，本性难移”，直到现在都收效甚微。但是，后来我也发现，虽然女儿在班里一个人独处，但是独处并没有给她造成太大的困扰，独来独往的她悠然自在。然后过了一段时间，因为有新同学来，或者别的什么机缘，比如大家都喜欢同一本书，然后一起在图书馆看起书来，她每学年最终还是能够找到一两个好朋友一起玩。第二年分班，她和朋友每次都被拆散，然后事情倒带重放，她再慢慢从一个人默默吃饭到和好朋友手拉手回家，虽然慢，但是这就是她的节奏，她应对生活的方式；虽然不够热情，但是她安静、善良、喜爱分享，最终总是有喜欢和她相处的孩子；就算没有朋友，她自己都不难受，我又何苦替她焦虑？

回到 JK 这年，后来女儿和班上的 Yolanda 因为都会说中文，某天一起在教室的电脑上玩一款小游戏而忽然玩得难舍难分，放学后还约好去对方家里，从此成为好朋友，外出的时候也能够肩并肩地在一起。

生活之中，与他人的相处之道

女儿在交友困难之外，也很难对外人礼貌相待，比如很难主动跟别人说“谢谢”“对不起”，尤其是陌生人，比如餐馆服务员，她说她害怕。所以，知道的晓得她是羞涩内向，不知道的会觉得她特别没礼貌，不懂规矩。以前总觉得她还小，没有过多强求。到了多伦多，一幢楼里的住户坐趟电梯还要寒暄几句，走在路上总有人帮我们开门、扶住电梯门，“谢谢”两个字几乎是整天挂在嘴边的，女儿这么冷漠有时候显得特别没有教养。

为此我无数次跟女儿推心置腹长谈，软硬兼施，各种招数用尽。我说，至少你见到老师，见到同学的爸爸、妈妈要说句“你好”吧？跟她爸爸视频的时候，爸爸也常常会借着某些事不失时机地顺带教导女儿几句。平时先生都是尽量宠着女儿，很少说她。等到爸爸都要开口说教她的事情，女儿也知道是非常重要的，可是答应完了就忘了。问她到底为什么不能做到，困难在哪里，需要妈妈做什么来帮助你，女儿都会一贯保持沉默——对于她不喜欢的话题，女儿永远都是这样，不说话，我们根本无法知道她是怎么想的。这个时候真的理解什么叫“别人家的孩子”——当我看见那些因为我帮他们开门而对我说“谢谢”的孩子，那些和每个同学和睦相处、一呼百应的孩子，那些见到老师会热情打招呼说“我好想你”的孩子，真是羡慕万分。回头看看自己的亲生女儿，一脸“我在我自己的世界里一切都好，我看不见你”的样子，真是无比的气馁。

那些年里，我和几个相熟的邻居妈妈常常在一起“控诉”自己的孩子，一起羡慕“别人家的孩子”。其中一位有两个孩子的妈妈，不明白为什么老二可以那么省心还品学兼优，而老大处处操心却总是成绩不佳。有天她开玩笑说，咱们怀孕的时候就是在上帝那里抽签啊，脾气、爱好、性格、智商，全看手气，咱们能做的改变真的太少了！虽然她是开玩笑，但是多少也算是我们几个妈妈几经挫折之后的领悟吧。如果孩子是一棵松树的种子，我们再怎么折腾他／她也是开不出牡丹花的！还是安安静静等着他／她长成大树吧，不要盲目地做无用功，白费力气之外也看不到好的效果。

回到礼貌的问题，我认为还是要归咎于她的敏感，因为我慢慢发现，让女儿和陌生人说话对于她是莫大的心理挑战，确实是充满恐惧。她现在9岁了，还是很不愿意自己去柜台买东西或者点餐，她说“害怕”。天生的心理缺陷是很难战胜的，就好像我们很难劝说天生恐高的人克服恐高。

后来，我和女儿在一起的时候就提醒她谢谢那些帮助过自己的人，比如给我们开门的路人，她偶尔能很小声地说“谢谢”，我一定都反复大加鼓励。看到她做到的，看到她的努力，不去过分纠结她难以实现的目标。

兴趣班的坚持与舍弃

由于女儿在 JK、SK 每天 12 点半上学，下午 3 点放学，放学后大把的时间要待在家里，日子久了我就开始考虑给她找点课程，一来打发时间，同时增长技艺。于是在安顿了两个多月之后，我开始在课外班领域进行探索。

作为女孩子的妈妈，大概都希望自己的女儿能学习跳舞。于是，我找到了住所附近一所俄罗斯老师办得挺专业的芭蕾学校。去报名那天，主管老师说需要先和初级班的学生一起上一节课，然后由任课老师评价，适合的话才能正式报名。于是，我们一路跟着主管老师上楼往舞蹈教室走去，还没到门口女儿就“哇”的一声哭了起来。这位俄罗斯主管老师面无表情地说，什么时候情绪稳定了再进去吧，然后转身就走了。我赶紧安慰伤心的女儿，问她怎么了？可她就是不说话，一个劲地哭。

其实也不用问，新环境、新老师、新同学，足够她恐惧了。我说，你看小朋友穿着纱裙多好看啊，老师声音很轻的啊！你就在大家后面试试动作，不喜欢就出来。可是女儿完全没有听进去，一直拼命摇头。一节课 40 分钟，女儿就这样持续哭了 40 分钟，说又说不得，劝也劝不住，周围还有等孩子下课的家长，真是尴尬至极。眼看人家小朋友都下课出来了，我只好跟老师说下次再说吧，然后赶紧带着女儿灰溜溜地往家走。女儿居然一路又不停地啜泣了 20 分钟，直到我们到家，我听得心灰意冷、筋疲力尽，就此彻底放弃了让她学舞蹈的打算。

总之，所有的试课都是以女儿的大哭开始，有的索性第一次就进不了门，没有一门课是顺利的。我懊丧于为什么人家的孩子都能高高兴兴去学滑冰、游泳、舞蹈、跆拳道、网球……而我每次带着女儿去上课就特别紧张？等着她爆发，然后自己焦头烂额，日子仿佛一下子又回到了她 6 个月开始认生的日子，任何新环境都导致她的号啕大哭和我的无可奈何。

连续经历了几次试课失败之后，我跟先生打电话长谈了女儿的问题，说着说着我忽然想到，最初选择兴趣班的出发点仅仅是想打发一些多余的课外时间，当然最好还能学点技能，而现在的情况已经完全和初衷背道而驰了。仿佛总是我在逼迫女儿去做她反感的事情，总是过分强调“你应该学什么”，而不是“你想学点什么”“你喜欢什么”。有些活动她确实不擅长，无论多么“应该”，不喜欢就是不喜欢，做不到真的做不到，而坚持做一件自己完全不擅长的事情一定是非常痛苦的。即使开花是主流，她若是松树的种子，我也只能接受并让她好好地做一棵松树，强求的结果就是折磨自己，大家双输。

于是，我再一次静下心来梳理关于课外班的试课历程——第一，女儿认生，对新环境、新集体、新老师需要很长的适应时间；第二，身体协调性不佳，害怕身体接触和竞争；第三，是不是所有的才艺对于她的人生都是必需的；第四，别人的孩子学了多少对我有多大影响。

结合这段时间以来女儿各种接受和拒绝的表现，我慢慢梳理出一些思路，体育、舞蹈类的活动我都事先跟她仔细商量，她完全同意了我们才去试课，上课如果不开心立刻放弃。此外，尽量和她的朋友一起报名，虽然女儿不喜欢这些跑跑跳跳的项目，但是有好朋友做伴，她每次还是能高高兴兴地去上课。

有些项目要等到她身体发育到足够应付得了再去重新尝试，比如游泳。5 岁的时候在社区中心报名了一个 3 人小班，女儿无论如何不敢把头伸进水里去，结果第一节课上了 5 分钟她就不肯再上下去了。回家没商量通，我当时就取消了课程。虽然游泳是特别重要的生活技能，我还是不把她硬往水里推了，防止她从此痛恨这项活动。一直到她 8 岁那年夏天，才在国内的游泳馆里跟老师学会了蛙泳。当时我们跟朋友一起在那个游泳馆里玩水，过来一个游泳教练问愿不愿意上游泳课，可能是那个教练小姑娘看着挺有爱心，加上那时候女儿早就不怕水了，她居然就同意上课了，并最终学会了游泳，这离她第一次上游泳课已经过去3年多了。看着女儿在泳池里自在地游动，我很长一段时间都不能相信这是现实，曾经一提“游泳”就会哭鼻子，在海边都不敢触碰浪花的小朋友，居然有一天也能娴熟地在水里自由前行，不需要任何辅助设备。所以，对于“难搞”的小朋友，我只能以十足的耐心慢慢等待她顿悟的那天。

我认为，类似滑冰、游泳、网球这些技艺如果单纯作为业余爱好的话，将来孩子长大独立后甚至老了以后，依旧可以自己花时间、精力让技艺变得精湛，没必要在小时候就硬逼着她学得技艺惊人。凭孩子的乐趣和能力，达到她愿意坚持到的程度即可。所以，当这些项目到了她不想坚持的难度的时候，我都会果断放弃。体育是她的弱项，所有的经验都告诉我，强求女儿只会适得其反。

但是，关于是否“舍弃”一项兴趣我们还有其他考量，比如女儿的钢琴课。起初我非常抵触女儿学钢琴，因为从此生活就戴上了枷锁。但是我先生觉得应该去试试，说不定女儿真有灵性和天赋，错过就可惜了。

女儿5岁生日时，我最终下定决心带她去试试钢琴课。当然，事先做了充分的沟通，女儿确实同意去试试看。我猜想，钢琴给小朋友的第一印象都是“好玩”，摸上去叮叮咚咚的很好听也很有趣，所以女儿才没有拒绝试课。钢琴老师是一位马来西亚华人，说话轻声轻气，一脸的慈爱，女儿见到她居然没有哭，试课结束后高高兴兴地跟我说她想弹钢琴！既然她自己要学，我自然陪同到底。

从此，女儿跟着老师一学就是3年多，离开多伦多前考过了3级。期间多次要求我把取消钢琴课作为她的生日礼物，可见开始喜欢是一回事，长期坚持下来又是另外一回事。为此，我跟老师说，进度不重要，重要的是坚持，作业别留太多，最要紧的是她能承受下来，作为一个脾气古怪、非常情绪化的“艺术家”，女儿学什么都是靠兴趣支撑，毅力主要在妈妈这里。所以，我女儿学钢琴不算高强度，但是确实算是有点悟性，她能在不刻苦的情况下完全跟着进度前进，每年在钢琴学校的音乐会上，老师都会给她一首相对难一些的曲子让她表演。而且很有意思的是，她在台上的表演总是特别完美，无论台下怎么出错，甚至上台前一天排练时都会出错，但是一旦坐到舞台上她就完全进入状态，一气呵成，表现绝佳，不知道这算不算一种天分。

女儿现在还在学习钢琴，虽然有时候练琴还会不高兴，但是至少能在我们轻微的督促下继续坚持，而且开始慢慢享受弹奏的乐趣，碰到自己喜欢的曲子会让我在网上找到五线谱，她自己主动对照着练习。即便如此，我女儿将来专业从事钢琴演奏的可能性微乎其微。目前，我和先生更多的是本着“总有一些事是要坚持下去的”原则在督促她学钢琴，也不能所有的事情说放弃就放弃，或者因为不喜欢就随意放弃；在将来的人生道路上太多需要毅力的关头，不是所有的事情都是乐趣，比如求学，比如工作。

钢琴毕竟还有天赋来支撑，每次的努力和坚持都带来了进步和成长。所以，钢琴就算是她的人生课堂吧，让女儿体会坚持下去就会成功，体会乐趣与努力的关系，体会努力后就会有成果的感受。女儿烦躁的时候我会告诉她，以前那些难的曲子不是都弹下来了吗？你还记得会弹以后的高兴劲儿吗？就像以前那样，再坚持一下，妈妈给你鼓掌。有时候她爸爸也会举自己工作上的例子，让她明白其实我们都有特别困难的时候，此刻咬紧牙关，努力拼搏，最终一切顺利了，那种快乐真是特别的畅快。有些道理女儿未必全懂，只是这么说说能帮她缓解一下情绪。

有时候她哭着，一边听我们说一边擦眼泪，平稳一下呼吸，为接下来的努力积攒点能量。女儿每次掌握了一首有难度的曲子之后，看着她在钢琴前开心地笑起来，炫耀般地反复弹奏，我们也真是由衷地高兴，为她鼓掌、喝彩！我们让她记住此刻的心情，下次遇到困难的时候就不会那么绝望了。渐渐地，女儿练琴的时候就不再哭了。

这也是为什么钢琴之外，我没有强求女儿参加其他方面的学习，比如前面提到的各种体育活动。她的课外班始终是同学里面偏少的，我跟先生说，我能深切地体会到她晚熟之外又脆弱敏感，为难的事情不能太多，对压力承受度低，重压之下她更容易选择退缩再也不肯前行，我们不能用通行的办法磨炼她，那样只会“欲速则不达”。先生也逐渐接受了我的观点，我们也不再和周围的孩子攀比上课外班的数量。

在女儿尝试过的各种兴趣班里，美术课一直是她坚持得最好的课程。女儿很早就显示出对绘画的兴趣，大概从 3 岁多开始，她自己在家就会拿起笔来涂涂画画，外出一定会带着笔和纸而不是 iPad，在餐厅里等座位的时候，她就会拿出笔来一个劲地画。这一点我没有给她任何指导，完全是天性使然。

因为女儿这种难得的艺术天分，到了多伦多刚一安顿下来，我就赶紧四处打听哪里有美术班。试课那天，班里一共 6 个小朋友，家长都是送孩子进教室后就走了。然后，一个看上去将近 30 岁的白人女老师 Katherine 带着他们画画，一节课 1 个小时。当我以为我也可以让女儿进去上课的时候，我发现自己大错特错了。女儿开始哇哇大哭，拉着我的手坚决不让我走，没办法，我只好留下来陪她，不但要留在教室里，还要坐在她旁边。一屋子小朋友，就只有我这么一个莫名其妙的外人，煞是尴尬，好在老师比较理解。

试课结束后，女儿说她非常喜欢这个课程，于是我立刻报了名。接下来的日子，我就这样每周一次坐在小朋友中间陪着女儿画画、做手工。好像过了 3 个月，我开始挪到教室门口坐着，然后再慢慢挪到旁边的办公室里，一点点让她试着自己跟老师上课。有时候因为生病请假需要补课，我们会在别的日子加一次课，课堂上是另一班完全不同的同学，但是老师还是一样的，仅仅因为不认识周围的同学女儿就又会大哭起来，说“我害怕”，然后我又得在教室里陪着她！

就这样反反复复，半年后，女儿才最终能自己安心地在教室里和大家一起上课。但是我一直不敢掉以轻心，每次上课我都会提早一点陪她到教室门口，让她先到教室里坐下。我跟老师寒暄几句，算是给女儿一个思想过渡，也顺便跟老师了解一下她的情况。等其他同学慢慢来齐了，她看到了熟悉的人，感觉到熟悉的气氛，人放松了，进入状态了，我才敢离开。

回想那些日子，自己有一个生性敏感的孩子比别的家长多出来多少麻烦和折磨啊！而且，总以为自己已经习惯了，但是，总是还有更艰难的情形。好在女儿酷爱画画，每次去上美术课的时候都特别期待，绘画的水平也不断提高。努力之外，老师也发现她是个很有天赋的孩子，更是着力培养。所以，作为家长，纵使艰难付出，看到她的作品，看到她的热情，曾经的艰难也就烟消云散了。

离开多伦多后，她唯一思念的人就是这位教了她 5 年多、看着她长大的 Katherine 老师。在 Katherine 老师的教导下，女儿慢慢显露出她的艺术天分，包括对色彩的感觉，对形状、远近的把握，尤其是线条方面，总会比同班的孩子有更好的感悟和表达。同时，她对绘画、做手工充满了热情，乐此不疲，成为老师最喜欢的学生之一。即将离开多伦多的前几天，老师特意放弃休假为她一个人免费开了一下午的课，两个人在画室里尽情创作，看着特别温馨感人。此刻，艺术终于从“课程”成为女儿自然而然的表达方式，从而丰富了她的情感和生活。学习再次具有了美好的意义，为生活提供了“正能量”。

所以，这就是我“抽签”得来的孩子，平平凡凡，喜欢玩具，喜欢油炸食品，喜欢动画片，一切完全来自她的内心。为人父母，我们不能按照自己的想法去“刻画”一个孩子，而只能跟随孩子自己的节奏和步伐，帮助她找到自己内心的种子，帮助她在自己的领域里感受到快乐，并愿意按照她自己的方式学习和表达。只有这样，“坚持”和“舍弃”才都有意义。

我坚信，每个孩子都是一粒种子，长大后也许是参天大树，也许是树下的小草，或者是一株牡丹，但他们真的不是一个泥胚，可以任父母刀削斧砍，塑造成我们希望的样子，我们也做不到。父母只能浇水、施肥、驱虫，让种子好好地生根、发芽，在风中保护他免于折断，在病害降临时精心医治，然后耐心地等待、陪伴这颗种子，让他以自己的节奏成长，最终长成他想要成为的模样和他能够成为的模样。我们不可能让大树开出牡丹花，让牡丹花直冲云霄，让小草迎风怒放；我们可以让大树更加挺立，让牡丹花更加鲜艳，让小草更加动人。

05

时间

时间是个奢侈又性感的东西 // 艺丹

为人父母，我们不能按照自己的想法去“刻画”一个孩子，而只能跟随孩子自己的节奏和步伐，帮助她找到自己内心的种子。

边带孩子边读书

我在生下女儿艾米后的一年内考上了美国常春藤联盟之一的康奈尔大学。与孩子在美国读书和生活期间，还申请带着女儿去法国巴黎商学院交换学习了半年。而我在康奈尔的一个师姐，开学的时候已经是两个孩子的妈妈了，她也是带着孩子去读书，本来两年硕士课程，一年半就全部修完顺利毕业，读书期间还生了老三。

事实上，孩子给了家长更加强大的内心和不断挑战自己的动力。我在决定带着孩子出国读书之前也犹豫过，担心过重的学业负担会让自己没有时间、精力去照顾孩子，担心孩子语言不通，无法适应和融入当地生活。但是我相信办法总比困难多，一件事不容易实现并不代表不能实现。

开学的时候长辈和我一起出国，旅游的同时帮忙安顿孩子；课业工作量大、时间紧张，我就找到住在一个小区的女儿同班同学的家长，两个人轮流接送两个孩子上下幼儿园；为了帮助女儿克服语言上的障碍，我每周从当地图书馆挑选 20 本孩子感兴趣的英文绘本，每晚睡觉前和她讲 3 本英语小故事；教她唱英语歌曲，邀请美国小朋友一起游玩，经常和她懂中文的幼儿园老师沟通，帮助她更好地平稳度过心理焦虑期……几年下来，善于向他人寻求帮助、摆脱对物质的依赖、合理规划时间、给孩子提供优质和深度的陪伴，帮助我在高效育儿的同时也提升了自我。

谁说父母就要有超能力

2016年，我带着2岁的女儿艾米去巴黎的商学院交换学习。读书期间，我利用周末和假期带她在法国、瑞士、意大利、希腊等国家的多个城市观光。

也是因为那段时间常常带孩子进行“说走就走”的旅行，很多时候连机票、住宿和路线这些最基本的准备工作，都是在出发前一天晚上才定下的，更不要说一些细致的攻略。在和艾米到达瑞士的前三天，我都不晓得有个城市叫因特拉肯！所以，听上去有“超能力”的妈妈其实很“粗放”，或者也可以说是偷懒。

我这么偷懒，是因为我相信欧洲的交通系统和旅游基础设施都比较完善，对带小朋友出行的人很友好，所以才敢打“无准备之仗”。而且我相信，很多时候，很多事情，用不着做好万全准备才开始干，在实践中总结，在前进中学习，往往才能成事，而且还有意外收获。

在意大利，我带艾米分别去了米兰、威尼斯、佛罗伦萨和罗马。我们是从法国过去的，在出发前只是预订了几个城市之间的交通和当地的住宿，仅此而已。景点、市内交通等几乎没有做功课。我们每到一个城市，都会在机场或者火车站连上无线网络，当场查找到达住宿地的路线和方式。

记得刚从佛罗伦萨到罗马火车站的时候，我的手机出了故障。艾米看我神情焦虑，就问：“妈妈怎么啦？”我说：“妈妈的手机连不上无线网，连上的话就能找到去宾馆的路线啦。”2岁的艾米立刻转过身去东张张西望望，小脑袋转了一圈，手指着不远处兴奋地说：“妈妈快看！咱们去问问那个小亭子里的阿姨不就行了吗？！”

艾米指着的正是几十米处的游客咨询中心。我才想起来，之前在威尼斯的时候，有一次我也连不上无线网，后来和艾米一起找到当地的游客咨询中心问路。原来在前前后后走过这么多地方以后，“到达新的城市——手机查路线——有疑问再去游客服务中心确认”这个步骤已经潜移默化地印到她的脑海中了。

如此，我和艾米更像是两个伙伴，到了同样陌生的地方互相帮助，一起探索。我的“偷懒”反而培养了艾米遇到问题、解决问题的思维模式。她不认为妈妈是无所不能的，不认为妈妈为她准备好了一切条件而她可以只负责玩乐，反而习惯于接受困难和不确定性因素，也很自然地认为暂时的挑战都可以被解决，敢于并善于向他人表达自己的需求和寻求帮助。

也许和孩子一起旅游，节奏会被放慢，参观的景点也有限，但是孩子在旅游过程中获得的面对突发情况的接受能力，以及主动寻求专业人士帮助的能力，不正是我想要的吗？

在和艾米的日常相处过程中，我也坚决践行这种“偷懒”政策。我从没有期待自己会成为一个“完美”的妈妈，从没有想过要给她提供一个“完美”的童年。我允许自己“遇到困难——求助——解决困难”。放宽心，摸着石头过河，而不是先看清河底的石头有几颗、有多大，然后再过河。

如何充分利用时间：让适合的人干擅长的事

用别人的时间来大量节省自己的时间，然后支付相应的报酬。那么，谁才是适合的人呢？

1. 专业人才

我自幼学琴，做了妈妈后，家人、朋友见了我都说，艾米守着个会弹钢琴的妈妈在身边，免费学琴，多划算啊！这时候我只会很不解风情地告诉他们，我可能不打算自己教孩子弹钢琴。

罗伯特·T. 清崎[①]在《穷爸爸富爸爸》中以亲身经历展示了“穷爸爸”和“富爸爸”两种截然不同的财富观：穷人为钱工作，富人让钱为自己工作。我可能会在家里给孩子营造一个音乐的环境，愉悦自己，也培养孩子的乐感。但是却会选择把孩子送去专业机构学琴，一方面利用社会分工的优势给孩

① 罗伯特·T. 清崎（Robert Toru Kiyosaki，1947— ），著名财商教育专家，理财的“金牌教练”“百万富翁的教父”。

孩子给了家长更加强大的内心和不断挑战自己的动力。

子提供更高质量的学习条件，另一方面也给自己留出自我提升的时间和机会，家长和孩子双赢。

时间无价，与其花时间省钱，不如花钱买时间。术业有专攻，妈妈的角色就是妈妈，而无须扮演全能角色。利用好社会上现成的资源，相信对专业人士的投资回报比，是高效育儿的第一步。

2. 阿姨 / 保姆

之所以要把家政阿姨从专业人员里面单独提出来说，是因为很多人对这一行业有偏见，认为家务活谁都会干，根本没有必要花钱去外面雇人。原本我也是这么认为的，可是坦白地说，长久以来我从家务活中获得的幸福感其实是很有限的，甚至为此常和家人争吵。

在艾米 10 个月大的时候，我决定从家政公司请一个阿姨，每天白天来我家帮忙带孩子，兼顾打扫卫生和做饭。我会定期把一周的菜谱提前设计好告诉阿姨，如此我和老公每天一回家就能吃上热腾腾的饭菜。我们请的这位阿姨小陈自己也有两个孩子，带孩子经验丰富，干活儿麻利有眼力见儿。

她来之前，我和先生几乎什么事情都亲力亲为，总觉得家务啊、孩子啊都不是难活儿，自己都能摆平。可代价就是我们一天从早忙到晚，没有自己的时间，每天光忙着买菜、做饭、洗碗、洗衣服、陪孩子玩……家里的玩具、衣物等一大堆经常来不及收拾，看着心烦却总也顾不上，整日被琐事所困，脾气越来越差，还常常为了家务活的事闹得脸红脖子粗。小陈来了以后，不但能帮我们带孩子，还把家里收拾得利利落落的。人都是视觉动物，我们一回家看到窗明几净心里就高兴，一高兴做什么事情都有效率。陪孩子和做饭变成了生活情趣，而不是任务。

最浪漫的事不是在柴米油盐和鸡毛蒜皮中耗尽了夫妻感情，而是积极处理矛盾，扬长避短。在经济条件允许的情况下，能外包的就外包。给钱财以用武之地，把它转化为时间和好心情来陪伴家人。

3. 父母 / 公婆

半年前我在法国留学的时候，和同学童童一起做了一个跨文化项目。我们采访了来自欧洲、北美洲、南美洲、亚洲、非洲等 20 个不同国家的 30 位留学生，对关于爱情、事业、生活等年轻人感兴趣的话题逐一进行探讨。其中一个问题就是：父母应该帮子女带孩子吗？

采访之前我们原本以为隔代带孩子是中国特色，结果却让我们大吃一惊。在我们选取的 20 个国家的样本里，90% 的国家都有老人帮忙带孩子的传统，其中不乏一些格外热心的父母。看来“婆媳关系”不仅仅是中国人才有的头疼问题。

尽管如此，如果长辈明确表示愿意帮忙，我还是坚持认为隔代带娃是可行的，完全可以理解为共享经济下的资源整合。但是在请长辈帮忙之前，你可以先问问自己是否属于下面几种情况：

（1）对长辈的育儿方式无异议，而且价值观相近、相处无压力；

（2）虽然对老人的育儿方式不完全认同，但长辈还算通情达理，而且自己自信可以对长辈动之以情、晓之以理；

（3）心理素质过硬，有很强大的定力去包容一切，而且有极其稳定的大局观，眼光长远。相信孩子怎么带都能长大，就算走错一步也不至于毁了整个人生。

请客观选取以上 3 点任意一款对号入座。否则请参考上一条建议：请家政人员帮你带娃，果断自我断奶，自力更生。

4. 另一半

近几年，国内综艺节目《爸爸去哪儿》火遍大江南北。人们对“笨手笨脚”的明星爸爸们津津乐道的同时，却也对中国式“缺失的父亲”们感到无奈。

其实带孩子这件事，没有人是无师自通的。你不给老公试错的机会，他做的稍微不称你心意，你就大呼小叫或者指责数落，遇到任何大事、小事他都只有旁观的资格，那他就永远无法成长为一个合格的爸爸。

我在国内上班的时候，每天早上都会给孩子洗脸、刷牙、穿衣服，然后叫艾米的爸爸起床。偏偏有天夜里我加班到 3 点钟，直接导致第二天早上没有起来。等我睡眼惺忪地睁开眼的时候，只见孩子的爸爸笨手笨脚地给孩子穿完衣服，正要出门送去幼儿园。艾米当时的穿着是这样的：红色毛衣外面套了一件夏天穿的黄色轻薄连衣裙，腿上还穿了条牛仔裤。最让人哭笑不得的是孩子左、右脚两只袜子一个白色一个米色，还都别在了裤脚儿外面。

我刚要发作，转念一想，没准艾米爸爸这种无心插柳的做法，能激发孩子的创造力呢！谁说连衣裙就该配高跟鞋，棒球衫就该搭运动裤呢？普遍意义上的审美也未必就是好的。孩子还那么小，何必那么教条？不如开通一点，就当今天是万圣节，给父女俩一个机会发挥天马行空的想象吧。

父爱和母爱是不一样的。父子之爱，是一种学习的爱。母爱却是自然的，从怀孕那天开始，从婴儿在母体成形那天开始，母亲就有一种很特殊的感觉，很快就变成了爱。婴儿还没有出生，就已经受到了母亲的关注。母爱是天生的，父爱却是后天慢慢培养的。

女人如我，况且需要通过后天和孩子的相处来加深母女感情，男人更是如此。没有经历十月怀胎的不易，男人格外需要花费时间、精力与宝宝建立情感，因为对于他们来说，宝宝还是个陌生人。所以，不要吝啬给他们和孩子相处的时间，也不要吝啬给他们一个学习做好爸爸的机会。

5. 孩子自己

谁说只有大人才能带孩子，明明很多时候孩子自己也可以玩得很投入、很开心。

我们常常抱怨没有自己的空间，为孩子牺牲了一切个人时间。但我们有没有想过，其实孩子此刻可能并不需要父母的打扰。

我们在美国的时候住在康奈尔的研究生宿舍。宿舍的小区内有一个活动中心，里面有各种幼儿活动和娱乐设施，比如滑梯、球类、绘本、玩具等。有一次我带艾米过去玩，她兴致勃勃地爬到滑梯上，我连忙惯性地跑过去要扶着她，生怕她摔跤，嘴里还一遍遍地交代她要小心。

滑梯旁边有个 3 岁左右的德国小男孩自己一个人坐在地上，专注地摆弄手中的机器人，他的妈妈坐在角落的沙发里看杂志。过了 20 分钟左右，小男孩却还在用小手拆装机器人的零件，一遍又一遍，不被身边吵闹的声音所打扰，他的妈妈也还在一旁静静地做自己的事情。而我一边陪着艾米跑来跑去，一边叮嘱她，累得口干舌燥，大汗淋漓。

这时候艾米玩累了，看到小男孩的机器人，就跑过去和他一起玩起来，我也索性走到沙发边，和小男孩的妈妈打了声招呼，坐下来休息。我很感慨地称赞她家孩子专注力好，能一直玩也不被周围人影响。她非常开心地笑了，对我说，小男孩是可以一个人玩很久的，不过也有玩腻了的时候，那时候就会叫妈妈过去陪他。

我有点汗颜。也许孩子们知道哪些事情可以自己做，哪些事情需要大人帮忙。若孩子正在兴头上，没叫我们去帮忙，我们就用不着去参与。

我们不相信孩子的能力，总想什么事情都手把手教，都安排好，这到底是为了孩子好，还是因为我们自己的控制欲过强？我们是不是在按照自以为对的节奏带孩子，而没有考虑到孩子自己成长的步调？

作为家长，与其拉动孩子的成长，不如推动孩子的成长。

拉，家长是主导者。他们站在孩子的面前，挡住了他的视野，他的成长方向是父母设计好了的。

推，家长是辅助者。他们站在孩子的身后，观察孩子自己选择的方向，并给予他需要的助力。

比起拉，推动孩子的成长能让大人的心静下来，言语缓和下来，也不再对孩子疾言厉色、指手画脚。

要知道，成人的判断并非完全正确，成人的审美也并非就是完美的。给孩子试错的机会，他会在摸索中找到乐趣。我们省心省力，有了属于自己的时间，孩子也得到了锻炼。

总之，无论是专业人才、家政阿姨、长辈、另一半或者孩子自己，我们要知道，众人拾柴火焰高。抚养孩子的过程就像创业的过程，需要靠团队合作，集合大家的智慧和体力才能更好地完成。

奢侈的自我时间：让有限的时间发挥意外的价值

有朋友问，压缩带孩子的时间，压缩逛街的时间，压缩研究儿童用品的时间……难道还要压缩吃饭和睡觉的时间吗？是不是只有尽量减少陪伴孩子和娱乐休息的时间，才能拥有自我，才是管理时间的终极目标？

有两个孩子的日本女博士吉田穗波，在担任妇产科医生忙碌工作的同时考到哈佛深造，2 年后毕业回到日本工作，出了一本书，在这期间又另外生了 3 个孩子，成为 5 个孩子的妈妈。看似早就满负荷运转的人，却能做更多的事情。

每个人一天的时间账户里有 24 小时，就算都挤出来也只有这么多。所以，重要的是学会利用好现有时间的价值，让有限的时间发挥出最大的效用。换句话说，在这个世界上，比时间更起决定性作用的东西，是效率。

1. 是的，这个世界上有比时间更性感的东西

因为时间有限，所以我会尽量将能整合在一起做的事情同时进行。上班路上电话预约孩子下一次铅测试的时间，中午热饭时查看女儿幼儿园第二天运动会的注意事项，等孩子放学的同时问问其他家长什么样的冰刀适合初学小朋友……看似简单的行为都是在高效地利用时间。这些时间并不是挤出来的。我们没有单独拿出 5 分钟热饭、打电话或者等孩子放学，只是让多件事情在同一时间齐头并进，以求事半功倍。

在康奈尔的工业与劳工关系学院内走廊墙上有一句“广告语”——Redefine Possible（重新定义可能性）。这句话在我看来非常精彩，因为它在鼓励我们摆脱枷锁和牢笼，让潜能和想象力发挥到极致。同样，当为人父母的我们有了关于事业、学业的期待和追求的时候，与其质疑“这行

不通吧？”不如问自己“怎么才能办到？”

留学中的一个学期，我带着女儿去法国交换学习了半年。因为我希望在同一时间完成更多的尝试，体会更多不一样的生活，“重新定义”自己的“可能性”。在完成美国的学业的同时，我也希望能亲身参与巴黎的都市生活，提高自己的法语听说能力，深度体味法国文化，等等。另外，欧洲各国之间交通便利，趁这段时间带女儿去欧洲各国旅游一下也不错。

如果去法国交换能同时完成这些目标，那就实在太让人心动了！但是一个学期要做这么多事情，肯定会遇到很多挑战。不过没关系，因为没有什么事情是不可能的。既然知道自己要什么，那就看看有没有办法合理安排时间，让这些愿望都变成现实。

首先，我对照目标学校的选课列表和康奈尔大学的交换生课程选修要求研究了一下，发现可以把所有课程选修到每周的 2 天或者 3 天内上，因此一周大部分时间可以空出来。但是这样一来，这 2~3 天的“学习日”会变得非常紧张，每天课程从早安排到晚，更没有时间做作业。所以我请教了一下快要毕业的几位法国同学，在那 2~3 天之内尽量选择课堂时间强度大，但是课后作业相对比较少的课程，这样能有更多的时间照顾孩子、和家人去其他城市旅游。

选好课后，我开始找房子。巴黎的住宿环境千差万别，但是我的原则是：离学校近，周边安全，视野好，装修好，交通便利的房子。这样的房子价格都不便宜，不过既然是带家人来巴黎生活几个月，我还是希望尽可能提供一个舒适便利的生活环境，创造一个最难忘的回忆，所以没有过多纠结。有了明确的筛选条件，我的房子找得很快，几天后敲定了一家符合我全部期待的房子，每天一睁开眼睛就能透过落地窗看到埃菲尔铁塔和几乎整个巴黎市区。更棒的是，我的房东就住在隔壁，无论生活还是文化融入都给我们提供了很多帮助。事实也证明，这个家给了我们在巴黎最美好的回忆。

既然是在法国，我自然希望利用这个难得的机会提高一下法语。但是由于课程和带孩子已经占去了大部分时间，因此语言只能见缝插针地学了。比如，平时生活中带孩子买东西、问路、旅游、和房东打交道……一切都用法语，尽量不使用英语；在家里收看法语电视节目，趁着课间约法国老师一对一练习口语，等等。总之，只要能接触到当地人的机会就使用法语，强迫自己把说法语变成一种习惯。

另外，还有一个意料之外的收获，那就是《巴黎吧哩》系列访谈视频。我在巴黎就读的学校叫ESCP-Europe，是世界上第一所商学院，也是极其多元化的一所学校，在校学生和各国交换生来自全球超过50个国家。难得有机会在同一段时间和这么多文化和价值观不同的人互动，这让我十分兴奋。同样兴奋的还有我在法国的同学童言。童言是上海女孩，这几年去台湾读工商管理，读书期间来巴黎交换学习。我们两个几乎是一拍即合地想要用特殊方式记录下这段难得的时光，留给自己的同时也将这段融合多元文化的经历传递给更多朋友。于是，决定借助新媒体拍摄多元化系列访谈视频，邀请来自20个国家的30位国际留学生讨论关于生活、事业、情感等不同的话题，期待看到他们面对同一个问题的多元诠释和解读方式。有了计划后，我们邀请了其他两位志同道合的小伙伴Lois和Achilles，立即分工并行动起来，在1个多月内利用午休和课间拍摄完全部20集访谈视频资料，随后陆续开展后期制作并在新媒体宣传。

一个学期下来，女儿和我环游欧洲，我也完成了比学校要求更多的课程，参与了欧洲企业商业模式的研究，体验了法式生活，提高了法语听说能力，拍摄了《巴黎吧哩》系列访谈视频。几个月间，孩子和我一起在原本陌生的文化中看、听、思、学、做，一起成长，一起体验，让有限的时间发挥出意料之外的价值。

2. 待办清单原来应该这么列

怀孕前，我听说女人做了妈妈后，一件事情要想两遍，一遍给自己，一遍给孩子。果不其然，艾米出生以后，生活中的头绪成倍增加，我们仿佛每天都在救火。刚解决一件事情，第二件立即扑上来，没等都处理好，又有第三件任务不请自来。几个回合下来，我累得筋疲力尽。如此这般循环往复，我深深感到自己的体力和记忆力都大不如前。

后来，我索性决定每天早晨写个任务清单，罗列出当天需要完成的事项。决定出国读书的第一天，我就尝试了一下，5 分钟过去后，纸上大大小小的事项列了 10 多条：办理签证、在美国租房、买车、上车保、考驾照、订机票、买医疗保险、找幼儿园并注册、孩子入学前的疫苗标准、选修课程的报名……每件事情似乎都不容易，数量又多，堆积起来像是无底洞，光是看着就让人头疼。我才认识到，应该聪明地列任务清单，让它更具"执行力"。

首先，任务清单不是一串事项的罗列，而应该是一幅图，能看出优先级的一幅图。

在清单中，我们把要做的事情归为 2 ～ 3 类，用不同的颜色或者记号标出哪些最重要，哪些其次，哪些再次。这样做的目的是有的放矢，根据任务的重要级别分配自己的时间资源。比如在上面列的清单中，最重要的是先确定"签证"和"租房"。因为前者决定是否能够到达目的地，后者决定要考虑哪一片区域的幼儿园，买哪天的机票，买到车后订哪里的停车位，等等。"签证"和"租房"确认后，就可以继续"找幼儿园并注册"和"买车"，最后考虑"孩子入学前的疫苗标准""上车保""考驾照"以及其他。

另外，值得一提的是，决定优先级程度的时候，与其考虑任务的难度，不如考虑任务对我们的重要程度。最重要的事情最好是我们最想做、最需要做的事情，这样才有足够的动力，也不会被暂时的挑战吓倒。宋人方岳诗"不如意事常八九"，既然不论做什么事情都难免障碍重重，与其做不怎么感兴趣的事情或是一味满足他人对我们的期待，何不一开始就选择自己最想要的呢？其实，一旦拥有了破釜沉舟的勇气并迈出了最初的一小步，你就会发现所有人都会帮助我们。那些有可能出现的困难也都会有解决的办法。

第二，待办清单不是单纯的备忘录，清单上必须明确列出该任务的下一步动作是什么。

现在，我们已经把“签证”和“租房”圈了出来，范围缩小了许多。但是要解决它们却似乎没有什么头绪，我开始变得有点焦虑。为什么？因为列出来的只是“目标”，而不是“路径”。“目标”是要做什么，“路径”是怎么做。比如要解决“租房”，我可以先看看学校有没有宿舍，问问校友哪里适合带家庭上学的学生居住，给当地的房产中介打电话咨询……清单上不仅要有“做什么”，还要细致到每一个步骤。

第三，没有截止时间，待办清单就只是愿望清单而已。

设定完待办清单，还要给每项任务加上可实现的预计完成时间，以免自己一味拖延。有了待办清单和时间表，不管大事、小事、公事、私事都毫无保留地写在纸上或者记在手机中。一旦当我们知道自己已经掌握和考虑到了所有事情，就会做到心里有底，感到安心，遇到可能会产生纠结的情况也能轻松地做出选择。

优先级	待办事项	实施步骤	截止日期	完成情况
★★★	1. 签证	1. 填写申请表格	3 天内	☐
		2. 预约面试	5 天内	☐
		3. 预约体检	10 天内	☐
★★★	2. 租房	1. 联系学校宿舍	2 天内	☐
		2. 咨询校友	4 天内	☐
		3. 咨询当地房产中介	10 天内	☐
★★	1. 找幼儿园并注册	1. 联系学校人力资源部门	12 天内	☐
		2. 咨询校友	14 天内	☐
		3. 在搜索网站查找适合的幼儿园	16 天内	☐
★★	2. 买车	1. 在学校各学生群、社交网站发信息	12 天内	☐
		2. 在校内论坛查找信息	14 天内	☐
		3. 在美国各个二手综合交易网站和汽车交易网站查找信息	16 天内	☐

（续表）

优先级	待办事项	实施步骤	截止日期	完成情况
★	1. 孩子入学前的疫苗标准	1. 询问美国幼儿园疫苗标准	18 天内	□
		2. 核对已打疫苗，预约新疫苗	20 天内	□
★	2. 租停车位	1. 小区停车位	15 天内	□
		2. 校内停车位	20 天内	□
★	3. 上车保	对比 3~4 家美国主流报销公司担保项目和报价	25 天内	□
★	4. 买医疗保险	1. 明确学校合作保险公司价格、担保项目	20 天内	□
		2. 查询其他保险公司价格、担保项目	25 天内	□
★	5. 考驾照	1. 公证国内驾照	20 天内	□
		2. 查询国外驾照考取流程和预约事项	25 天内	□
★	6. 订机票	1. 确认几大国内外机票购买网站	30 天内	□
		2. 购买机票	40 天内	□

怎么陪孩子：陪伴孩子的正确打开方式

同一时间做多件事情，而且每一件事情都能达到预期的效果，能够做到当然很好。但是这有个前提，就是要提前评估自己是否有能力平衡不同事件同步进行。如果可以，就同时进行；如果不可以，那就干脆只做一件事。比如坐车的同时刷手机新闻，在晾衣服时想着怎样回电子邮件……二者互不影响。而如果一边陪孩子一边刷手机新闻，后者会在很大程度上影响到和孩子的交流和专注度，这时候就要有所取舍。

1. 请你要么提供深度陪伴，要么专心看手机

我在美国学习期间结识了泰森一家。泰森是伊萨卡[②]当地居民，太太从纽约嫁到这个小城市，两个人 10 年间孕育了 4 个子女，最大的 10 岁，最小的 2 岁多。

刚认识泰森一家的时候我还颇有些不满。在国内习惯了给朋友发信息

② 康奈尔大学所在城市。

被“秒回”，到了美国后，每次联系当地人，尤其像泰森夫妇这类有孩子的朋友，经常是半天甚至隔天才收到回复。有时泰森夫妇会主动解释说在陪孩子没时间回复，但是我还是不太理解，手机就在身边，就算陪孩子也可以随时抽空回复信息啊。

有一次受泰森一家邀请出游，我才明白他们定义中的“陪伴孩子”和我们通常认为的“陪伴孩子”有多么大的不同。

伊萨卡位于北美五指湖区，湖光山色，风景旖旎。泰森一家就住在五指湖畔，而他们带孩子的日常活动之一就是开游艇[③]带孩子们在湖上玩耍。游艇开到湖中心的安全地带，泰森夫妇就和孩子们穿上救生衣跳到湖里游泳、嬉戏，或者和孩子们趴在皮筏艇上，由游艇拴着在湖上“冲浪”。看到维多利亚抱着 2 岁多的女儿跳入湖水的时候，我简直不敢相信自己的眼睛，但是维多利亚告诉我这是他们一家的“日常活动”，而且孩子们都穿着救生衣，没有安全隐患。尽管如此，为了在宝贝们尽兴的同时保障他们的安全，夫妻俩别说看手机了，基本无时无刻不保持警惕，眼神一秒也不离开两个年龄偏小的孩子。

中午的湖上活动结束后，我们又和泰森一家到他们房子后面的树林里散步。维多利亚是一所中学的科学老师，她对各种木本、草本的植物都非常了解，常常耐心又饶有兴致地给孩子们介绍各种植物的特点。刚到树林里，我的脚踝被刺扎了一下，维多利亚的大女儿立刻跑到不远处摘了一片叶子回来给我，说：“这种三角形叶子的植物叫作蝎子草，可以止血。”

整整一个下午，相比我们“城里人”带孩子的方式，泰森一家更多的是让孩子们和大自然互动，更重要的是，无论在哪里，夫妻俩都全程专心陪伴孩子，难怪没办法随时回复信息了。我甚至怀疑他们这一天都没有带手机出门。

回想在艾米几个月到 1 岁多我在家带她的情形，我感到很惭愧。那时候以为孩子还小什么都不懂，常常对她敷衍了事。比如陪她吃饭或者玩耍

---

③ 在当地拥有游艇和拥有私家车一样普遍。

的时候心不在焉，要么看手机，要么看电视。有一次我带艾米去游乐场玩，看到一个 4 岁左右的小男孩神情专注地堆积木，过了一会儿，当他充满期待地把自己的“作品”给旁边坐着的妈妈看时，他的妈妈刷着手机，头也不抬地“嗯”了一声，眼睛始终盯着屏幕。当时，我分明看到了小男孩原本兴奋的小脸一下子变得落寞和委屈起来，心疼极了。他虽然继续摆弄手中的积木，却没有刚才那般兴致勃勃。

那次以后，我意识到不管孩子多小，他们都是敏感的。我们在陪伴孩子的过程中是不是足够用心、投入、专注，不但都能让孩子感受得到，还会对他们的自信心和性格造成影响。意识到这一点，我告诉自己，如果要工作或者做其他事情，就到孩子看不到的地方，比如办公室或者是关着门的卧室，并且跟孩子解释妈妈正在工作，这期间不能陪她玩。但是只要决定陪孩子，不管当下有什么事情，都拿出 100% 的注意力，把手机调到静音，并放到手够不到的地方。不管孩子同样的故事让我讲多少遍，问的问题有多简单，我都要耐心地、充满感情地、按照她的节奏和她交流，决不隔三岔五地开小差看手机。

我们说深度陪伴，不是指陪伴的时间有多长，而是指陪伴的质量有多高。

在被期待的片刻，父母全身心地和孩子交流和互动，孩子能感受得到；家长心不在焉或者言不由衷，孩子也能感受得到。如果属于后者，那我们可能还没有意识到这种不专注给自己和孩子带来的消极影响有多大。

最直观的影响是，看手机非常浪费我们陪伴孩子的时间。手机是看不完的，但是孩子的童年转瞬即逝。亲昵的时光一旦错过，便再也回不来。孩子成长的速度永远比想象中要快得多。等他们悄悄进入了青春期，我们会发现孩子不再随便让父母拉他的手，不会让爸爸抱着一通乱亲，不会像小猫儿一样扑到妈妈怀里蹭来蹭去，他们会懒得跟大人说话，甚至回家就把房门关上……父母的有效期本来就不过十几年而已，别让手机做你和孩子之间的第三者。

没有父母的及时回应，孩子容易不自信，失去与人交流的动力。我们不能因为孩子小，就误认为他什么都不懂，就忽视他的需求。正是因为孩子还小，他们能更加细致地感受到我们一举一动之间传递出来的爱的信号。我们此刻有没有把他们放在心上，有没有认真回应并关注孩子，是能够被获知的。在爱和信赖中长大的孩子，他的心灵更容易找到安全的归宿。反之，如果只是空洞地敷衍了事，或者不耐烦地打发孩子，孩子的内心就会因为感觉不被重视而变得脆弱、失落，乃至沮丧。当他们的一腔热血持续被降温时，为了引起家长的关注，孩子很容易做出一些破坏性行为，轻者会淘气、哭闹、搞恶作剧，重者甚至会产生攻击性举动。

我们的一言一行、一举一动都在为孩子做着表率。他们通过学习和模仿大人来认知这个世界。如果我们不断重复相同的信号和刺激源，他们很快就会习得并固化为自己的习惯。试想当我们年迈后，如果想要孩子陪着说说话的时候，他们总是不耐烦地敷衍我们，眼睛只盯着屏幕，想必那时的我们心里也会很不是滋味。

2. 每天到底要陪伴孩子多久

现代社会生活步调快，年轻的父母在工作和家庭中不停转换角色，一边为了给孩子创造更好的生活条件而打拼奋斗，一边试图从忙碌的日程中挤出高质量的亲子陪伴时间。很多时候，疲惫了一天的爸爸、妈妈回到家里后，脑子里塞满的全是关于客户的要求和老板的任务，当看到桌上洒落的饭菜、地上乱丢的玩具、床上铺满的衣物，听到宝宝的哭闹，烦恼、焦躁就会填满心头，很难调动积极的心理能量和宝宝交流，有时甚至管理不好情绪，动辄对孩子大吼大叫。

但孩子却是敏感的，如果宝宝们眼中的爸爸、妈妈常常对他们三心二意或者大动肝火，他们很容易有一种挫败感："爸爸、妈妈其实一点也不喜欢我，不然为什么他们总想着别的事，有时还对我这么凶？"在幼儿眼中，爸爸、妈妈几乎就是全世界，他们自然也希望父母在和自己相处的时候是快乐和享受的。因此，倘若我们处在失落烦躁的情绪中难以控制，可以先寻找适当的方法和渠道自我减压，不勉强自己当下和孩子互动，选择委托另一半或者其他亲朋好友帮助照看孩子。等到压力有所缓解，能够处理好情绪的时候，再全身心地积极享受亲子时光。

北京市教委 2016 年发布的“西城区社区家庭教育现状抽样调查数据报告”中显示，16% 的家长平均每天陪伴孩子的时间不足 2 小时。尽管如此，家长们也并不需要因此焦虑或在事业和家庭之间疲于奔命。虽然父母的陪伴对孩子的成长发育有至关重要的影响，但比起时间长短，更为关键的是亲子互动质量。因此，哪怕我们每天只有半个小时和宝宝相处，也要保证自己能够不被外界琐事干扰。

在美国读书的一段时间，因为各种压力瞬间来袭，我有几天状态处于低谷。糟糕的是，我并没有给自己整理心情的机会，反而依旧每天尽可能地长时间带孩子，却同时把这种负面情绪传递给了她。有一天晚上，我带着心事在楼下花园里陪着艾米玩。过了一会儿我有事着急回家，艾米却正在兴头上，央求着再玩一会儿。本来是孩子很正常的要求，但是当时我把压抑已久的烦躁情绪不由自主地转移到孩子身上，立刻大声训斥起她：“不就是滑梯、跷跷板吗？有什么好玩的！赶紧回家，再这样以后不带你出来玩了！”艾米显然被我突如其来的恶劣态度吓到了，大声哭起来。看到她委屈的小脸，我懊恼急了，责怪自己太不称职，立即向她道歉，但还是无济于事，本来可以非常美好的时光惨淡收场。

几番摸索，我意识到自己的问题，尝试着把工作和带孩子完全分开，把每天全身心陪伴艾米的时间压缩到 30 分钟到 1 小时。在此期间，我要求自己不管怎样都要把情绪调整到最积极的状态，不用挑剔的眼光教育、批评她，尽量真诚地聆听，发挥创意，启发式地激发她的思维，大胆鼓励她的成长和进步。

和大部分父母一样，我的“想象力”和“耐性”是有保质期的。所以，我宁愿每天拿出高质量的 1 小时陪伴艾米，也尽量不要全天 24 小时低质量地和她在一起。我告诉自己，想和孩子建立亲密的亲子关系，切忌好高骛远、急于求成。每天抽出单独的一段时间，长短均可，最重要的是放下手机和工作，投入地和孩子快乐互动，用一点一滴的积累和孩子逐渐建立起真正亲密的亲子关系。

06 爸爸角色

爸爸，你有多重要 // 徐琼

父亲教会孩子如何做人，教会孩子勇敢、正义、不畏惧。

爸爸为什么那么重要

“父亲参与”得到广泛关注一开始是因为在西方国家，尤其是美国，有很多黑人家庭孩子的成长没有父亲陪伴。普遍的社会现象即是：父亲缺失的孩子相对于和父亲共同生活的孩子有更多的心理和行为问题。这些孩子更容易被学校开除，引起少年犯罪，并产生忧虑症以及焦虑症。这些孩子往往不自信，对他人并不关心，也不在乎自己的未来，他们往往感觉自己是被父亲抛弃的。很多研究也证明了这一点，父亲的参与和陪伴往往能对孩子的成长起到积极的作用，父亲的缺失对孩子的负面影响是深远的。

父亲，对于一个家庭来说是必不可少的。剑桥大学家庭研究中心（the Centre for Family Research）负责人 Susan Golombok 博士在她的*Parenting：What Really Counts？*[①]一书中谈到，父亲的存在，具有一个至关重要的作用：为家庭提供安全的保证，包括精神上和物质上两方面。许多研究证明了父亲在保护孩子、为家庭提供经济保障的同时，也为孩子提供了一个男性的角色模型。国外大量的研究也证明了父亲对孩子发展的重要作用还体现在其他很多方面，比如语言发展能力、情感发展能力和教育、智力方面的发展能力。

即使父亲没有像母亲一样花那么多时间与孩子在一起，但在妈妈胎中的

---

① Parenting：What Really Counts？ S. Golombok London：Routledge，2000.

宝宝最先听到的是爸爸的声音，爸爸和孩子的沟通更有助于孩子的语言能力发展。和爸爸接触时间多的孩子，往往语言表达能力更强。因为父亲和母亲在和孩子交流的过程中，他们用的语言是不同的。父亲更容易用社会性的语言。

一项 26 年的长期跟踪研究发现，孩子的情感发展——同情心的发展，父亲的参与和关爱是关键。经常和父亲相处的孩子更容易表达对别人的同情，更具有共情能力。这些孩子长大后也更容易成为富有同情心的人。

父亲在孩子智力发展中的影响也是有科学根据的。很多西方甚至中国的研究发现，父亲在教育方面对孩子的关心，往往更容易促进孩子的学习和学校的表现，将来孩子在职业发展的道路上也更占优势。因此，爸爸的作用是不容忽视的。

不同性别的孩子从父亲那里获取的东西也是不一样的。男孩更喜欢从父亲那里寻求帮助,而女孩则可以从父亲那里学到如何与异性建立信任的关系，以及了解自己与异性的不同之处。父亲在为孩子提供安全后盾的同时，也可以帮助孩子建立与外部世界的联系。以上这些方面的作用，母亲无法企及。

然而，这并不是说父亲必须要和孩子生活在一起。家庭的构成，或者说父亲是否是家庭的一个组成成员并不是问题的关键，关键在于，父亲是否在孩子的成长过程中持续给予孩子关注和支持。这也是为什么在中国，我们还是要大力提倡父亲参与的原因。

在中国，离异家庭的比例相对于西方国家来说非常小。重组家庭虽然也不是什么新鲜事，但是大部分的家庭还是原生态家庭。然而中国家庭的问题在于，爸爸们都很忙！爸爸们都去“拼爹”了。这样导致的后果是，爸爸把大部分的家务事、带孩子的任务都交给妈妈或者长辈。虽然爸爸是存在的，但是爸爸和孩子在一起的时间并不多。对于孩子来说，爸爸同样缺失，他们同样渴望能有更多的时间与爸爸在一起，在沮丧的时候可以得到爸爸的安慰，在周末的时候可以和爸爸一起玩耍。

事业和家庭如何兼顾

2016 年 7 月，艺盒线上举办了一个由父亲参与的分享会，其中 130 人参与了我们的小调查。虽然是小小的调查，我们还是能发现大部分爸爸在宝宝早期的投入是非常积极的。其中，73% 的爸爸经常陪孕期妈妈一起去产检，52% 的爸爸经常帮孩子换尿布、洗澡，59% 的爸爸回家的第一件事情就是陪孩子。45% 的爸爸经常周末不应酬、不玩手机或电脑，而是花时间在家陪孩子。54% 的爸爸经常分担家务、接送孩子等日常事务。在教育方面，爸爸的参与相对而言则少了一些。从孕期开始，只有 20% 的爸爸经常做到和孕期妈妈一起补课，57% 的爸爸从不和孕期妈妈一起补课看怀孕书。只有 23% 的爸爸经常给孩子讲睡前故事，69% 的爸爸偶尔给孩子讲睡前故事，38% 的爸爸则从不给孩子讲睡前故事。

从这个小调查来看，虽然有许多爸爸对孩子的成长是积极投入的，但整体而言，带孩子的任务还是交给了妈妈。对于爸爸来说，事业是重心，陪伴孩子是在事业满足之后才能做到的。我记得做访谈的时候，一个孩子说起自己对爸爸的期望，她希望爸爸和她一起逛公园的时候不要再打电话了。可以理解，孩子的爸爸打电话可能是工作需要，但是爸爸虽然和孩子在一起，却给孩子心不在焉的印象。这样，孩子会觉得自己很不重要，在现实面前，爸爸还是选择了工作。

认识老公的时候，我在伦敦大学教育研究院就读博士学位。他当时在一个 Grammar School② 做年级组长，同时也在我们学校就读教育学博士学位。做了几年的年级组长，他就升级做了副校长，很正常的事业轨迹线。可是做了学校领导之后，他发现自己花在工作上的时间太多。如果按照常规，发展到做校长的话，每天晚上、每个周末都要花很多时间在工作上。而他认为自己做不到，更不愿意把家庭时间放在事业上。于是，他毅然选择了

---

② 也就是国内的重点中学。

做回普通教师，回到教学岗位。

我虽然尊重他的选择，但是我对于事业和家庭之间孰重孰轻，和他有着不同的见解。对于我来说，事业是必不可少的，尤其是对于男人而言。而我的老公却认为，人的一生，最重要的是身边所爱的人和自己的家庭。我老公当然也不是特例，和我一样嫁给英国人的四川妹子和我有着同样的痛楚。她一个人全职上班，而她的英国老公选择全职在家带孩子。她老公和我老公一样，认为人不需要追求事业，工作只要能够解决温饱，做自己喜欢的事情就可以了。我认识很多优秀的英国华人都在事业上颇有成就，有着非常光鲜的工作，每次拿来炫耀给老公听的时候，他就会反问："请问一下，你的朋友他们有多少假期？他们要用钱来买时间和假期，而我不用。"

我博士毕业之后就怀孕生了老大，在家带孩子久了就不甘于做全职妈妈。在老大不到 2 岁的时候，我甚至跑到一个离家 3 个小时火车车程的地方全职工作了 1 年。老公在我为工作发愁和着急的时候，给我讲了这样一个故事：

> 我的朋友是一个英国护士，她的工作就是照顾那些临终前躺在病床上的老人们。每天她的工作就是去那些老人的家里探访[③]。在和这些老人对话的时候，他们经常会给她讲家里的事情，提到自己的孩子、自己的朋友，可是很少有人会提到自己过去光辉的事业，自己曾经赚了多少钱。他们临终前的遗憾更多的是希望能陪伴家人多一点，却没有人说希望多赚一点钱。

这个故事让我深有感触，虽然全职带孩子很累，但是和孩子在一起的时光是不会倒流的，和孩子在一起日积月累的亲密也是无人可以替代的。

---

③ 英国鼓励病人在家休养，由医院负责安排医生和护士到家服务。

当孩子们长大不再需要父母陪伴的时候，或许我想再多花时间在孩子身上也成了多余。事业固然重要，但孩子的成长更需要父母的陪伴。于是，在二宝出生之后，我决定多花一些时间和孩子在一起。

爸爸如何高质量陪伴孩子

生活在国外，没有自己的家人在身边，没有家人帮忙，带孩子是小夫妻俩自己的事情。虽然西方人的长辈也偶尔来帮忙带孩子，但并非义务，很少有家长会把孩子交给长辈全权照顾。对我而言，老公是不可缺少的右臂，给我支持，及时补救。作为家长，我们能做的就是互相依靠、互相支持，只有这样，才能“对付”精力无限的小屁孩们。因此，没有爷爷、奶奶在身边的家庭，爸爸、妈妈如何合理分工一起带孩子，是最为重要的事情。

回顾我平日的一天，其实老公和孩子在一起的时间并不多。每天也就是晚上从 6 点到 8 点两个小时。但这两个小时也是我正需要急救的时间，一个人整天面对孩子，需要一个缓冲的时间，让自己休息一下。好在老公养成了从不把工作带回家的习惯，在家的时间就全身心地投入孩子身上。他认为，只要和孩子在一起，就要全心投入。若是把工作带回家，就没有办法全心全意和孩子在一起，脑子里总还是会想着工作的事情，也就带不好孩子。

老公一般 5 点半起床，自己吃早饭的时候也帮我把能准备的东西准备好，为我节省了很多准备早饭的时间。老公会把孩子的麦片准备好，切好水果，煮好鸡蛋，这样我们下楼之后就可以直接用餐。

6 点半老公上班，孩子起床，一天的战斗从这一刻就开始了！

大宝一起床，就开始活蹦乱跳，整个房子开始震动。我一边把大宝的校服准备好，一边自己穿衣服，嚷着、叫着，反复叮嘱大宝赶快自己穿衣服。而他会在一边唱啊，跳啊，蹦啊，说啊，闹啊，就是不穿衣服。我就一边帮他穿衣服，一边给二宝换尿布，穿衣服。

早饭是一天最大的挑战，虽然老公把很多东西都准备好了，但是前一天吃得很香的麦片，第二天二宝就不吃了，昨天还喜欢吃的酸奶，今天又不要了。准备再丰盛的早饭，二宝都不愿意吃，嚷着、叫着。于是，我又要根据他的口味来调整早餐。在短短的10~20分钟内，要看住一个能够根据自己的意愿到处走的小屁孩，还要保证坐在儿童餐椅里的宝宝在我还没有准备完早餐前不爬出去。

之后，3个人同时洗脸、刷牙。把牙刷扔给大儿子，马上给小儿子牙刷，让他坐着刷牙。在卫生间外面放一些玩具，可以分散他们的注意力，这样不会经常到处跑。我也就能安心洗漱了。

离出门上学还有30分钟，这时候，两个孩子都已经吃完早饭，洗漱完毕，一切准备工作都已经结束。大家都可以放松一下，这是孩子们的自由游戏时间。两个孩子在其他房间玩的时候，我一个人收拾厨房。若有出行计划，准备出行的东西，带二宝参加Playgroup④。

送完大宝回到家，是早上9点。从早上5点半醒来到现在，我已经筋疲力尽了，真想回家倒头大睡啊。但是，我必须开始收拾房间，准备带二宝出门了。每天早上我会安排去一个Playgroup，每天换不同的地方，玩不一样的玩具，和不同的小朋友一起玩。

玩到中午，二宝回来午睡，我赶紧扯空洗衣服、倒垃圾、打该打的电话、查邮件等。上午在外没有时间喝水、上厕所都赶快补一下。直到大宝放学，两个孩子在家又开始“大闹天宫”了。每天到了这个时候，我都已经到达崩溃的边缘，巴巴地倒数时间。

老公晚上6点下班回家，我从5点多就开始盼着望着，倒数时间了。老公一到家，我就可以进行交接工作，把带孩子的重任交给他。老公来救急，让我缓一下神，不用再听两个孩子的尖叫，不用来给他们劝架，在厨房安静地做饭对我来说是一种解脱和休息。所以老公一回家，等不及换衣服，

---

④ 学龄前活动班。

只要一进门，就被两个孩子围住，然后跟孩子们一起玩了。

妈妈在家带娃的时候，希望天下太平，孩子玩得越简单、越安静、越省力越好。可爸爸不一样，爸爸早上在孩子们没有起床的时候就已经出门了，一到家看到孩子是满脸的期待和兴奋，是蓄势待发地要和孩子们一起玩的一副状态。虽然白天工作辛苦，但一天没有看到孩子了，和孩子们在一起摸爬滚打简直就是休息啊。

然后，老公带着两个孩子一起洗澡，妈妈收拾厨房。给孩子们洗澡是老公一天的最爱。两个孩子一起在浴缸里嬉笑打闹，一起有说有闹有笑，老公只需要在旁边看着就可以了。

洗漱完毕，老公开始给宝宝讲故事，妈妈总算可以休息了。爸爸每天给二宝讲两三个短短的故事，然后把他放进婴儿床里。 如果妈妈不给老大讲故事，爸爸于是接着给大宝讲一个长长的故事。讲完故事之后，检查一下大宝的书包里是否有家庭作业。学前班阶段的家庭作业一般就是认识几个字，读几个字母，读一两本书，所以，基本上在睡前 10 分钟就能完成。

周末也一样，老公不会做其他事情，我们所有的活动也是围绕着孩子：带孩子去各种游乐园、儿童农场，散步、爬山。我们总是一起出行，带着孩子一起寻找乐趣。对于妈妈来说，从周一到周五都是比较简单而重复的带娃活动。而爸爸周末在家休息，就可以做一些更有意思的活动。有了爸爸的参与，周末的出游也可以成为一种乐趣，而不是消遣时光的带娃任务。爸爸、妈妈商量周末的出行计划，网上查信息，有两个大人在，也就可以选择大人自己想去的地方，于是周末变成了美好的小假期。小家庭度过了一个美好的周末，也同时增进了夫妻的感情，促进了家庭的和睦。

宝宝的每一步成长，从最初的怀孕，到出生，再到每日养育，都是爸爸、妈妈共同参与和承担的。有些家庭由于爸爸的工作原因，妈妈承担的多一些；有些家庭爸爸花的时间更多一些。无论是哪种合作模式，只有双方联手共同努力，繁杂疲惫的带娃工作才能更轻松、更快乐！

爸爸不仅仅是妈妈的帮手

爸爸的 Magic moment 1

时间：2016 年 4 月

地点：巴黎

好心的房东把我们从火车站接到他的公寓里。他热情、详细地跟我们介绍他的房子和各种注意事项。大宝刚一开门，看到自己来到了一个新的地方，特别欣喜。好动的他迫不及待要玩了，哪能等到房东介绍完呢？于是，他就拉着爸爸一起玩。大宝趴在地上，假装是一个海盗寻找宝藏。爸爸也就跟着他一起趴在地上，一起叫啊、爬啊。原来，巴黎最好玩的竟是房东的木地板。这回都不用打扫卫生了，两个人都把地板擦得光光亮。

爸爸的 Magic moment 2

时间：2016 年 7 月

地点：上海浦东机场

大宝自从 5 月份到中国以来，已经在中国待了两个多月了。在上海幼儿园上学的他中文大有长进，当然，好久不用英文，说起英文来就有点结结巴巴了。更重要的是，大宝人生中第一次和爸爸分离那么久。这不，已经有两个多月没有见到爸爸了。大宝每天上幼儿园，周末又忙着玩，家里很多亲戚、朋友，所以也很少提到爸爸。由于时差的原因，我们也很少有机会视频。今天，终于到机场来接爸爸了。刚过 4 岁的他其实也没有太多分离的概念，但妈妈说要来机场接爸爸了，他就满脸的兴奋。我们在机场出口等了好久，爸爸终于从出口走了出来。看到久违的爸爸，大宝有一种说不出的陌生和兴奋。爸爸赶紧放下行李，蹲下来，抱起他，开始和他说话。慢慢地，热身活动拉近了父子之间的距离。大宝很快又和爸爸熟悉起来了，并拉着爸爸要他一起玩。于是，爸爸和儿子就在机场出口的地方，放下了行李，玩了起来。顿时，整个机场候机厅就成了他们的乐园，他们一起奔跑，一起手拉手看警卫巡逻车，一起嬉笑打闹。

爸爸和妈妈在育儿方面有很多相似之处，但是也有很多不同之处：通常爸爸和孩子的互动方式与妈妈有些不一样，他们之间所用的语言也不一样。在我们家，老公和两个儿子有时候把一大盒乐高拿出来，可以乐在其中地玩很久。1 岁多一点的小宝虽然还不能玩乐高，但是也一起参与，把乐高倒来倒去，乐在其中。天气好的时候，老公就喜欢带着两个孩子一起去散步、爬山。他和大儿子有时候可以走好几个小时，从早上开始爬，中午时爬到山顶上，休息一会儿吃个三明治，然后开始下山。这样一天都在爬山和走路。我散步的时候喜欢走比较安全的路，比较规整的路，而他们喜欢去探险，喜欢走农田的小路，喜欢去走没有走过的道路。没有毅力和耐心的我，经常散一会儿步就想回家了。而老公和大儿子尤其喜欢户外探索，一走就可以走很久。在家里也一样，要是老公带孩子，大部分时间都是在花园里度过的。大宝在花园里自己骑车，二宝就随他到处爬，爬得浑身上下又脏又湿。我想，儿子们爱好自然、热爱户外活动的一些习惯也是这样慢慢培养起来的吧。

夫妻之间有了孩子之后，也建立了一种合作关系，默契地配合对方，进而互相磨合形成统一的带娃方法。作为家长，似乎一直在面临难题、解决难题，一旦眼前的困难克服了，新的问题又来了。因此，夫妻之间如何互相合作、互相支持非常重要。我们家也一样，我在很多细节上和老公带孩子的关注点都不一样。比如说我更看重吃喝拉撒，很在意孩子们吃什么，孩子的衣服是不是穿得够多，够暖和。老公更在意的是孩子喜不喜欢玩，只要玩得尽兴，其他都无所谓。衣服湿了，手脏了，家里乱成一团都无所谓。老公带孩子我总是不放心，每次他带完孩子之后，我也总是要抱怨。如果是在家里，他就弄得一团乱，我还要收拾房子。如果出门在外，孩子们冻着、饿着我就会心疼。可是我不是超人，我也要休息，所以我只能时刻提醒自己：大家都会有对彼此的带娃方式有不接纳的时候，但是不要批评对方，不要打击对方的积极性，尽量做到不干涉、不评价，只要孩子开心就可以。

在孩子的行为发展方面，父亲的权威角色可以起到关键作用。尤其是在儿童叛逆期，孩子不听话的时候，爸爸的干涉更容易让孩子信服。西方人有一种说法：terrible two（可怕的2岁）。当然，具体的年龄不仅仅限于2岁，1~3岁之间这个阶段的孩子都比较容易闹脾气，他们会和你犟，对着干。几乎所有的宝宝都会经历这个阶段。你会发现宝宝突然有很多自己的主意，而且特别固执，动不动就闹，就生气。大宝是个个性特别强的孩子，从小就有自己的主见。从刚开始学步，就会执意要走自己想走的路，如果他想往右边走，你抱起来往左，他就发脾气，执意要往右边走。你尝试多少遍，他反抗多少遍。所以对于我来说，怎么让他在该听大人话的时候服从大人，是一件非常难的事情。记得以前大宝每次无缘无故发脾气的时候，我们就约定只要他一开始发脾气，我们就离开房间，把他一个人留在房间里。他会哭很久很久，乱踢乱打一气。往往在这个时候我也会动摇，但是爸爸的支持会让我觉得自己做的是正确的，是应该坚持的。大宝闹了一阵子也就平静下来了。爸爸的声音和语调往往更坚定，孩子可能更容易接受这样的权威力量。

孩子是父母的镜子，如果说孩子的长相和先天品性无法改变和塑造，那么在家长的努力下，孩子还可以传承爸爸、妈妈的其他优点。父母言传身教的努力，可以塑造一个吸取父母多方优点的优质宝宝。

记得《卡尔·威特的教育》[5]一书开篇提到了如何培养一个德才兼备的天才，他提到了最关键的是卡尔·威特有一个善良的母亲。同样，孩子也离不开父亲这个榜样，父亲可以教会孩子很多重要的品性。父亲除了能在孩子的各项发展能力方面起到关键作用之外，更重要的一点是，父亲教会孩子如何做人，如何形成一个完善的人格。父亲可以教会孩子勇敢、正义、不畏惧。在我们家里，我觉得最关键的几点是：

1. 爸爸教会了孩子如何表达爱

和很多传统的中国人一样，我是一个并不善于表达的人。从小爸爸、妈妈教会我的就是，如何努力才能得到自己想要的一切。中国的传统教育至今在我们这一代，甚至在新生代身上都能看到深深的印记。中国人的情感往往是通过行动来表达的。爸妈辛苦工作、赚钱养家，就是一种最真切最直接表达对孩子爱的方式。无论孩子懂不懂，父母认为他们所做的一切就是为了孩子。其实在很多情况下，孩子并不理解。你想想，当爸爸、妈妈很少在你耳边说爱的时候，你怎么能知道他们最爱的原来是你呢？怎样才能让孩子知道你所做的一切都是为了孩子呢？一个五六岁的孩子，当他还不会理解、不太懂事的时候，这么深刻的爱的诠释，他怎么能理解呢？

而西方人的情感是在日常生活中传递的，不是润物细无声，而是大胆地表达和大声地说爱。父母爱孩子，就每天都表达，经常挂在嘴边。老公每天都会对孩子们说"我爱你"，大宝也就每天都收到这个被爱的信息，每天开开心心地进入梦乡。当他听多了这种爱的表达，自己也更乐意去表达自己的情感、自己的爱了。当他开心的时候，经常会说："妈妈，我真的好爱好爱你啊！"

2. 爸爸教会了孩子不要畏惧

在幼儿园的时候，大宝有一个他很喜欢一起玩的小朋友，但那个小朋友一度喜欢欺负其他小朋友。小男孩和自己的妈妈生活在一起，她没有很

---

⑤ [德]卡尔·威特著.卡尔·威特的教育[M].刘恒新，译.北京：京华出版社，2003.

严格地管教自己的孩子。所以小男孩毫无管束，在幼儿园总是无缘无故地欺负大宝。刚开始的时候大宝觉得很委屈，但面对“暴力”，他也不知道自己该怎么办，每次都是畏畏缩缩地哭着叫妈妈，或者哭着去跟老师告状：有人欺负我。他也不敢说是谁。但是学校老师和我们沟通之后，爸爸觉得我们更应该教会他自己如何处理。我们都一直认为他应该自己勇敢地站出来，面对这个小男孩，非常坚定地对他说：Mike，please don’t do that to me！ That’s not right！ Mike，please do not push me！（迈克，请不要这样对我！这是不对的！迈克，请不要推我！）现在大宝上小学预备班，是年龄相对比较小的一个，很多男孩子几乎比他大 1 岁，我们也不担心他不会处理男孩子之间的问题，因为他知道如何用礼貌、正确、有力的方法自己处理和小朋友相处的问题。

3. 爸爸帮助孩子培养兴趣

有了两个孩子之后，做妈妈的我才意识到，孩子之间的区别原来在很早的时候就有迹可循。大宝从小就是一个爱车的孩子，所有的玩具都和车有关，对其他玩具基本没有太大兴趣。在上幼儿园之前，要是让他坐着写字、画画或者做手工基本是不可能的，他就是没有兴趣。而二宝虽然一出生就可以玩那么多哥哥的玩具，却对汽车没有太大兴趣，他更喜欢火车，更喜欢画画，更喜欢坐着涂鸦。15 个月就能像模像样地和哥哥一样握笔了，握笔的姿势和花在涂鸦上的时间估计比哥哥还多。这些孩子之间的差异我是自己有了亲身体验之后才醒悟过来的。孩子的兴趣在很大程度上是无法强迫的。如果孩子有兴趣，家长可以提供环境和机会，但是如果孩子就是没有兴趣，你抓着他硬来，那是行不通的。

老公在这方面比我更放松，更随天性。他觉得孩子喜欢什么就应该随着他的兴趣爱好，作为家长不应该强迫。孩子如果没有兴趣写字、看书那就随他去。我曾经因为这个问题很担心。大宝 4 周岁上学，因为他是 6 月底出生，所以与同时入学的同学相比，他是年龄较小的一个。在上学之前，他从不愿意碰笔，更不会写自己的名字。当看到其他小朋友竟然能画一幅美丽的画的时候，我就开始心急了。于是买了很多书、很多笔，试图鼓励大宝画画和写字。可是他就是没有多大兴趣，不想写，不想画。老公提醒我，我们不能心急，孩子有自己的时机，当他感兴趣的时候，自然会跟上的。果然，上学没几个月，他就会写自己的名字了，也爱上了画画和写字了。我不用提醒和鼓励，他每天放学回家就只想画画、写字。

在孩子的教育方面，老公总是提醒我：只要到达终点，谁先起步并不重要。最关键的是，我们不能在孩子这么幼小的时候，把他的兴趣给抹杀了。如果他不愿意看书，就不用看书，等他要看的时候，我们再鼓励，给予支持。有时候我比较心急，如果学校布置作业要读两本书，我就希望他一下子能认认真真地一口气读完。可大宝有时候忙于玩自己的玩具，对这些书也没有太大的兴趣。老公抱着兴趣最关键的心态，就会随他去。如果他不想读，就会另外找一个时间再读，如果真的没有兴趣，就不读了，从不勉强。他说，如果现在我强迫他读书，导致对看书失去了兴趣的话，我就影响了他以后一生对书的热度。这将是做父母的最大的错误。

自从大宝开始上学之后，我们都是采取随着心情的放松政策，根据他的兴趣爱好，从不强迫他学习。而他的进步却令我们万分惊喜。大宝从开学不会握笔，到现在短短几个月就开始自己想要组句写简单的句子。从开学时只认识简单的英文字母，到现在可以独立读简单的故事书。仅仅几个月的时间，没有太多压力，没有家长的监督，孩子就在兴趣的引导下，在一边玩一边学的过程中，吸收了知识，掌握了新的技能。

4. 孩子探索世界的桥梁

宝宝来到这个世界上，对于他来说，所有的事物都是新鲜的。一切都是第一次，宝宝什么都想要探索，在口唇期的表现是什么都往嘴巴里放。

再大一点，能跑能爬了就喜欢用自己的双腿双手来探索这个世界。作为家长应该鼓励孩子，让他们用自己的身心去探索，去感受。这也是 MESSY PLAY（乱玩）受到大家热捧的原因。

父亲在很大程度上成为孩子和外部世界的一个桥梁。妈妈们更担心孩子的安全，喜欢让他在家做安全指数比较高的事情。即使在家，也不喜欢孩子总是蹦蹦跳跳，而是希望孩子能安安静静地看书、画画、写字。而爸爸们往往更乐意带着孩子去更广阔的空间探索世界。大宝 2 岁之后爱上了骑平衡滑步车，有一段时间每天下午 6 点从幼儿园回家，还要出去骑车溜一圈。我老公每天兴致勃勃地陪他一起出门骑车，一个在前面骑，一个在后面追。

对于孩子来说，尤其是学龄前的孩子，玩是所有，玩是生活的一切。每天都在玩中享受生活，在玩中学。对于开始上学前班的大儿子大宝来说，在学校里也是每天都在玩。虽然他们开始学习自然拼读，加强语言训练，但所有学校的活动也基本是在玩中学。

大自然是孩子最好的学校，大自然让孩子们了解外部的世界和生命。户外活动不仅有助于孩子的身心健康，还能发挥孩子无限的创造力和想象力。

正如 *Playing Outside*[⑥] 的作者 Helen Bilton 写的，教育不应该是一项任务，而应该是一种能让孩子感到愉悦的体验。在户外学习和游戏的孩子往往更主动，更投入，也更有目标性，他们对学习也更有一种积极的态度。就像我们工作、学习、生活的环境也会影响我们的心情和感知。当孩子们在广阔的大自然中进行学习的时候，他们也更乐意参与活动，更乐意去尝试新的东西，更乐意和其他小朋友交流。英国鼓励 5 岁以下的孩子每天进行 3 个小时的室外活动。幼儿园在天气条件允许的情况下，会尽量提供孩子在花园游戏的时间。而有些幼儿园有一整天都是森林教育，带着孩子在

---

⑥ Playing Outside.Helen Bilton.London：Routledge，2005.

外面游玩，在外面学习。无论刮风下雨，孩子们都会在这一天出发去探险。在伦敦，还有一个完全没有室内场所的幼儿园，全面鼓励儿童参加户外活动。There is no such thing as bad weather, only unsuitable clothing！（没有恶劣的天气，只有不合适的衣服！）在这方面，老公能做到每个周末都安排户外活动时间，即使是冬天，他也会带着两个孩子去室外活动，让他们释放无限的精力。

妈妈，该放手时就放手

我和我的妈妈朋友们在一起的时候，最喜欢互相抱怨自己的老公。因为老公在育儿方面的确有很多和妈妈们不一样的地方，往往让妈妈们不满意。妈妈们永远不会对爸爸带孩子的方式完全赞同，因为爸爸们永远都不会用和妈妈一样的方式带孩子。老公给自己的分数永远比我给他的分数要高出很多。

可是当孩子渐渐长大的时候，妈妈也应该学会渐渐放手。孩子渐渐需要学会和其他人相处，需要建立对世界的信任，需要懂得无论自己走得多远，总是会回来的。在孩子小的时候，我总是不放心老公，不愿意让他一个人带两个孩子出门，总觉得他照顾得不周到。一方面，在饮食上，爸爸的确没有妈妈那么细心和周到。另一方面，我觉得是自己还没有学会放手去信任对方。现在二宝能自己走路了，也没有那么容易磕磕碰碰了。很多时候二宝可以自己一个人玩了，虽然还需要时刻留意着，但是比以前省心多了。我也觉得自己更能放下心来，让老公一个人带着孩子出门。

朋友说，她老公一般需要两天的时间和他们的孩子形成默契。每次他们一起度假，她都能看到孩子和爸爸之间微妙的感情升华。刚开始的几天，宝宝总是嚷着要妈妈，但是宝宝和爸爸渐渐地熟悉之后，突然发现原来爸爸比妈妈更好玩，就更享受和爸爸在一起的时光了。其实，孩子不愿意和爸爸在一起，哭着要妈妈，并不是爸爸不好玩、不亲切，而是孩子还没有习惯和爸爸在一起。这也难怪，要是宝宝的大部分时间都是和妈妈在一起的话，宝宝的首选当然是妈妈。但是，爸爸只是需要多一点的时间和孩子一起适应，一旦互相熟悉之后，他们就会黏在一起，有时甚至忘记了妈妈的存在。妈妈可以多为爸爸创造一些和孩子独处的机会，让孩子安心地和爸爸在一起，也让爸爸享受孩子的全心全意。

关于什么时候送宝宝上幼儿园比较好，没有一个定论，每个家庭的情况都不一样。而对于我来说，在做全职妈妈一段时间之后，我想有一些自己的空间做一些自己想做的其他事情。孩子并不是全部，对于我来说，只有孩子的生活似乎总是缺少点什么。我需要做一些自己喜欢的事情，需要做一些能够带来成就感的事情。另外，当孩子渐渐长大，他们对外部的世界也充满了好奇，妈妈应该渐渐放手，让孩子去更大的世界探索，多和其他孩子一起玩。我家二宝从 15 个月开始就上幼儿园了，虽然一周只上一天半，但对于我来说是一种放松。对于宝宝来说，也是接触新环境、学会和其他小朋友相处的好机会。虽然刚开始的时候有一段适应期，但是过了适应期之后，宝宝就特别喜欢去幼儿园，每次都是开开心心地去幼儿园。我每次去幼儿园接他的时候，他见到我来也特别开心、特别兴奋。其实，和孩子的分离有时候让父母更珍惜和宝宝在一起的时间,对于宝宝也是一样。于是，我也开始渐渐学着放手，让别人来照顾宝宝，而自己也就可以做一些自己的事情。当把宝宝放心地交给别人照顾的时候，我和老公也会有更多相处的时间，可以一起看电影，一起出游。

无疑，孩子是父母生命中很重要的一部分，但不是全部。孩子的到来丰富了我们的生活，多了喜悦，多了期盼，多了疲惫，多了责任。但是，如果孩子只是父母的累赘的话，他们的存在并没有真正发挥他们的意义。孩子是因为要给父母带来快乐而来到这个世界上的，他们不是你生活的中心，而你自己才是。我觉得，这也是为什么有些父母生了四五个孩子还可以乐此不疲地生活着，而有些父母生了一个宝宝就忙得天旋地转的原因。那些享受孩子到来的父母可以很轻松地应对孩子的琐事，那是因为孩子围着他们的生活转，而不是父母围绕着孩子做奴隶。

希望大家每天都有美妙的瞬间，可以体会到孩子的到来是多么美好，也希望爸爸、妈妈们带娃越带越轻松，早日看到曙光到来的那一刻。

父亲的参与和陪伴往往能对孩子的成长起到积极的作用，父亲的缺失对孩子的负面影响是深远的。

MEET ANGEL

07

双语教育

双语（OPOL）养育，你也可以 // 王生斌

对孩子而言，OPOL 不是一个学习外语的过程，

而是一个在浸泡式的环境下自然习得的过程。

双语养育，你也可以：做好双语（OPOL）教学计划

20 岁时看到小孩子还无甚感觉，不烦也不亲，因为在某种意义上我也还是个孩子。三十而立之后，为人父母的心情就明显强烈了，对小孩子的喜爱也溢于言表，逗孩子的功夫大体上是从这个时候开始积累的。平日里与有孩子的朋友在一起聊天时，已经也在或多或少地谋划：将来有了一男半女之后，如何对孩子进行教育？这一愿望直到 2012 年年初才最终尘埃落定，此时我已经近 35 岁了，一个在心智和情绪上最丰满、稳定和成熟的年龄阶段。大家总说“孩子是我们上辈子的债主”，但幸运的是，我这个债务人丝毫没有“还债”的心理压力和不适，而是迫切期待着和孩子的共同成长。在这张纯洁的白纸上，我早已谋划着基于孩子的特点，帮助他描绘一个美好的未来。

孩子出生后，之前谋划的庞杂计划，相当大的一部分都发生了变化，唯独没有变的一点是：我要从孩子出生开始就对他进行 OPOL（One Parent，One Language）的尝试。所以，当孩子被护士从协和医院的产房推出来时，我激动地和他说了第一句英语：Hello，my dear，welcome to the new world.（宝贝儿，欢迎来到这个崭新的世界。）来来往往的医生和护士带着些许诧异的目光：明明是一个中国人，怎么对刚出生的孩子讲英语？对我而言，那一刻却自然极了，没有丝毫的违和感。我知道，这条漫长艰辛的 OPOL 道路一旦开始，就只能坚持下去了。坚持的背后，是对

OPOL 的好奇，更是对孩子的承诺。

按下孩子不表，我来说一下我从事 OPOL 的准备工作以及我个人的一些特殊情况。

由于孩子出生前我就决定将来对孩子尝试 OPOL 的教育思路，而且也得到了夫人的鼎力支持。于是，为了更加科学地进行这种以自己的孩子为实验对象的实验，我阅读了许多相关的学术书籍，从理论上厘清了 OPOL 的可能性、可操作性以及优势。大量的临床数据和学术研究已经从理论层面上佐证了 OPOL 的可行性，千言万语汇成一句话：这个事情能搞！

再具体到我的工作性质，我大学的专业是历史，但是毕业后到目前却从事了 16 年的同声翻译工作。在工作中，我见识了许多跨国婚姻家庭的案例，孩子在这种背景下天然地成了 OPOL 的样本，非常精确地用两种语言自由切换。国际差旅中也多次目睹了国际家庭中孩子对两种语言的把握和运用，这从实践上也进一步佐证了 OPOL 不但可行、可做，而且会给孩子从小创造出一个跨文化的国际环境。工作中我知道英语的重要性，而作为同声翻译工作者的孩子，英语只能比同龄人好而不能“一般”，出于这个小小的“虚荣”，我希望在 OPOL 的环境下让孩子自然融入一个双语的环境中，而减少对英语的“学习”。这话似乎有些相悖，我之所以花大量的时间去尝试 OPOL，最终的目的却不是让孩子“学习英语”，而是自然习得英语。

参阅相关文献发现，美国儿科学会（American Association of Pediatrics）曾经系统地对 6 个月到 6 岁的孩子进行过跟踪和对比研究，结果发现，如果孩子在这段时间能及早地暴露于双语甚至多语的环境，不但有助于孩子轻松掌握几种外语，而且对于孩子大脑不同区域的同步发展、创造力、认知能力、记忆力、逻辑能力和表达能力的培养都有巨大的促进作用。这个实验证明了孩子早期进行语言熏陶和训练的必要性和重要性，因为研究发现：孩子在 0~6 岁这个时间段是语言学习能力最关键的培养期，他对语言的兴趣和敏感程度在这个时间段会达到峰值，此后就一路下滑。从实践中看，家长也都能清楚地感受到孩子在 0~6 岁，尤其是 3~6 岁这个阶段的语言发育和表达能力以及模仿能力的变化，基本上一天一个样儿。因此，在这个阶段如果能够因地制宜地给孩子打造一个双语学习或者双语阅读的环境，效果一定会事半功倍。

前途是光明的，道路是曲折的。虽然在进行 OPOL 教育前有系统的学术方面的准备，有巨大的热情和势在必得的决心，但是具体到执行层面，真是一个漫长的教育实践工程，唯有毅力和激情才能把这个事业推进下去。

闲话不表，来看看具体到实践中到底如何施行？我是怎样分解任务并且持之以恒地实施的呢？

大体分两种情况：第一种情况，国际家庭，即夫妻双方来自于两个不同的国家，讲不同的语言，在这种环境下，OPOL 就比较流行，即 One Person，One Language，也就是夫妻双方在家里只各自对自己的孩子说自己的母语，等到夫妻之间进行交流时则无所谓，选择任何语言都可以。OPOL 实际上是一位非常有名的法国语言学家 Maurice 在 1902 年提出来的，后来，经过 100 多年的实践证明，这种方法完全可以让孩子在双语的环境下自然掌握两种语言达到母语的状态，实现双母语的同步发展。而现在，我们目睹了身边太多的跨国婚姻的例子，他们的孩子在 OPOL 的方法下基本都能毫不费力地掌握两种甚至多种语言。

第二种情况，非国际家庭。国际家庭的情况确实特殊，不适用于绝大部分家庭，但是，是不是说非国际家庭就不能进行 OPOL 尝试了呢？答案当然是否定的。

对于大多数非国际组合的家庭来说，应该怎样进行双语教育呢？父母双方英语都不太好或者干脆不会怎么办？针对第一种情况，即父母双方中一方英语非常好而且打算尝试 OPOL 的，比如我自己，首先要非常明确地告诉自己，OPOL 在非国际家庭中也是完全可行的。

在 OPOL 的道路上，无论自身的语言水平和家庭环境如何，最核心的还是毅力以及正确的方法。大家可能会问：小孩从小接触双语，会不会混淆啊？答案是否定的。无论是对 OPOL 的研究，还是我自己的一些实践都表明，孩子在识别不同语言以及对象方面有着你想象不到的能力。

在 Steven 9 个月之前，那段时间是最痛苦的时候，因为只有单纯的输入而没有输出，更别提互动了。在这个阶段，更要经得住别人的白眼和家里人的质疑。我记得当时孩子 4 个多月的时候，我们带孩子在楼下遛弯儿晒太阳，孩子的妈妈对孩子讲中文，我一直对孩子讲英文，一起晒太阳的邻居有不太理解的，或多或少会投来一些“白眼”。一方面觉得我是“对牛弹琴”，同时也不乏“显摆”的可能；另一方面，家里的老人也觉得很奇怪，每天对那么小的孩子叽里呱啦地讲英语，会有作用吗？家里人还断定我坚持不了多久，就是一时兴起而已。但是无论多苦，我自己扛，OPOL 的实践我一刻不停，直到有一天，孩子对我的讲话有了明显的反应和互动。

那天是个初冬的日子，阳光甚好，我和孩子在屋子里玩，我看手机，孩子在我边上爬来爬去。我感到有些无聊，就对孩子说：“Steven, Daddy is gonna take you out to play now ,would that be all right？”（Steven，爸爸现在带你出去玩，好不好？）刚才还在我边上爬来爬去的孩子突然一下子坐了起来，答应道“嗯”，然后我又说：“Give Daddy a hug！”（来，爸爸抱！）我刻意没有伸开双臂，但是孩子已经非常明确地做出扶着墙要站起来让我抱的姿势。那一刻，我太幸福了，因为坚持了很久的我终于能看到曙光了，足够的输入后，只需要静静地坐在边上等着花朵的开放。这一小小的成就也激励着我以更大的激情和热忱把 OPOL 的教育实践坚持下去。后来，随着孩子的成长，这种高质量信息更明确的互动和交流就更频繁了，困扰老人们的一个谣言也不攻自破，即双语环境下长大的孩子，尤其是男孩的语言发育会迟缓甚至紊乱。

OPOL 的实践告诉我们，孩子的潜力和语言识别能力远远比我们想象的厉害。比如，Steven 不到 3 岁的时候，想上厕所，于是他就冲着爷爷、奶奶说：“爷爷，我要尿尿。”连说几次如果老人没听见，他就转过头来对我说：“Daddy，I wanna pee pee.”而且，每次回到家里，他自然地和我以外的人说中文，和我说英语，从来不会乱。所以我在想，如果有第三种语言估计他都能接受。

人都是需要一些激励，才能在枯燥甚至是困难的前行道路上坚持下去的。我记得当孩子1岁半的时候，我带孩子过暑假。有一天晚上去家门口的广场上遛弯儿，孩子看到一群麻雀在天空中飞，他突然很好奇，然后指着麻雀对我说："Sparrow！"那一刻我非常激动，因为之前看到麻雀时我确实给他说过对应的英语，但是1岁的孩子连母语表达都不顺畅的时候居然不经意间记住了麻雀的英语，这就更加激励我一定要把这个方法坚持下去。在某种程度上我很感激自己开始得非常早，因为切入越早，孩子对外语的理解和把握就越简单，几乎和母语同步。在孩子看来，这不是一个学习外语的过程，而是一个在浸泡式的环境下自然习得的过程。

总结一下：1岁半以前，我的OPOL方法主要是在浸泡状态下的高强度无意识输入，话有点拗口，说白了就是狂说。同时，又在1岁左右的时候辅以一些游戏性质的、互动性比较强的图形和颜色识别。比如，在网上购买一些简单的数字挂图、动物挂图、食品和物品挂图，这些东西自带发声的功能，只要孩子触碰后就会发声，前提是家长要识别这些早教性质的英语发音是否得体、标准。这种自带发声功能的东西可以激发孩子的兴趣，我每天回到家后在和孩子游戏时，都会不断重复。先是引导他一个接一个认识不同的东西，久而久之，再引导他按照自己的发音去寻找相对应的物品，最后引导他用英语把所有的物品慢慢说出来。长期坚持以后，我发现孩子在1岁半以前就积累了很多的单词，而且这种积累会形成正向的连锁反应，他会更有兴趣和动力去识别更多的东西，这就相当于对其大脑不同分区的刺激。

等到孩子快2岁的时候，孩子的输入量够了，同时语言功能也发育得越来越好了，交流就逐渐从单向变成了互动式的了。这个阶段的孩子是非常惹人喜欢的。我俨然已经把Steven训练成了家里的小用人。每次回到家后，我先让孩子拿拖鞋，然后抱抱，接着让他把自己用过的尿不湿扔到垃圾桶里。此时，家里经常出现的场景就是：一家子围坐在一起，然后我用英语让 Steven 去做很多事，有些是简单的，有些是需要有一定理解力的，但是他都能非常准确地完成，而围观的老人却完全不知道我们在交流什么，只是惊奇地看着 Steven 一件一件地完成我要求他做的事情。比如有一次，我让他把尿不湿捡起来扔到垃圾桶里，结果他没能扔进去就回来了，我立刻示意他：No！ No！ No！ Go back，pick it up and put it into the trash can.（不行，不行，回去把它捡起来，然后放到垃圾桶里。）走到半路的他居然又返回去捡起来放到垃圾桶了，家里人都吃惊地笑了。但是我一点都没觉得有什么神奇，因为在我看来，这是长期坚持训练的结果而已。

环境浸泡：英语不好，怎么给孩子做双语启蒙

那么问题来了，其实很多人更关注的是，如何在自己英语不太好甚至不好的时候也尽可能地给孩子创造出一个双语的环境呢？

首先，从技术上而言这是有可能的，只是不同于父母一方英语特别好的情况是，你可能没有办法直接和孩子用外语交流，而是更多地需要仰仗音频、视频等其他一些工具。好消息是现在这种外部的工具以及资源简直是海量存在，在这种什么资源和工具都不缺乏甚至泛滥的情况下，就更加突出了父母作为教育者所体现出的毅力和恒心的重要性了。

在这种背景下，OPOL 的进行与第一种情况也基本上大同小异，分阶段按部就班。在孩子 1 岁之前，可以以图片和音频刺激为主的方式，比如使用一些通过触摸就能发声的图片来刺激孩子大脑中的语言区域，尤其是外语区域的发育和敏感性。等到 2~3 岁期间，就可以适当地放一些英语的动画片等视频资料，一方面是为了继续训练孩子对于英语的敏感，更多的是让孩子能够对英语产生足够的兴趣。这样，后期如果进行系统化的培训式的学习时，孩子先前已经有了“磨耳朵”的过程，加上本身对英语的兴趣，孩子不会排斥英语。这一步非常关键。

3 岁之后一般都在幼儿园进行集中学习，此时的学习还是要坚持音频、视频和图书 3 种互相交叉的方式来加速孩子的腾飞。3 岁之后，孩子的语

言发育到了一个黄金阶段，理解能力和表达能力都上来了，因此，在播放音频的时候可以让孩子发挥自己的想象力。看视频是为了让孩子在画面的帮助下对英语内容做出正确的理解，同时，如果家长没有办法给孩子做英文绘本的朗读者，那就用点读笔或者教材自身配套的音频来给孩子放。材料如果够好，加上家长本身的用心，即使很简单甚至比较老旧的学习资料都能被转化成超级棒的因材施教的教材。

在培养 Steven 的阅读方面，除了单方面的输入，我也非常重视他的听说和阅读。从最简单的绘本开始，我就用手指引导他一点一点去阅读，从一开始的 10 分钟 1 本书，到最后甚至 5 分钟 1 本书。他的注意力明显延长，专注力也明显增加，最重要的是，他对阅读这件事有了浓厚的兴趣。而且，通过长期不断地对同一本绘本的重复，孩子居然可以认识一些单词并且主动识别和发音了。当然，很大程度上是因为他已经“记”住了这些绘本的内容。

对于一些英语不是特别好的家长，在家庭中进行 OPOL 双语教学时，要学会如何熟练运用网络上的各种音频和视频资料来引导孩子提升阅读兴趣和技能。一开始，可以购买一些与点读笔配套的点读书。这类书孩子们一般都会有兴趣，因为他们好奇于一点就发声这种现象。通过不断“磨耳朵”的方式来刺激孩子的语言功能，积累孩子的英语输入量，久而久之，输出就是一个自然而然的结果了。等到了 3 岁时，在逐渐引导孩子掌握一些简单且碎片化的阅读之后，可以系统地对一些分级阅读的书进行手指引导的阅读，比如培生的分级阅读材料等。从单词开始，然后逐级扩展成句子和句群，长期坚持，效果惊人。

双语的实施：找对你的方法

现在，家长在家里创造出一个双语环境的条件简直是好到自己都不能找借口了，因为资源非常丰富，媒介也非常多元化。从资源角度来讲，有线上和线下的；从呈现方式来讲，有CD、DVD、电视、电脑、APP、手机和iPad等。所以只要用心，就能给孩子搭建出一个虽在中国但是与国外同步的双语环境。

接下来，我从具体方法这方面讲一下怎么做，并且具体讲述我本人是如何做的。

（1）英语的接触可以在孩子6个月的时候开始，大家不要觉得太早，这个时候的激发和培育往往有着神奇的效果。这个时候，基本上就是对孩子进行一些声音和图形的刺激，比如英语儿歌和英语字母的布书。无论是作为背景音乐还是睡前音乐，可以选择一些节奏舒缓、发音清晰的英语儿歌不断地在家里播放。这就是一个“磨耳朵”的过程，虽然看不见效果，但是会深深地根植到孩子的心里。这个阶段就是典型的声音和图形的刺激期，重要的事情说3遍：毅力！毅力！毅力！既然坚定了走OPOL的路线，那么就应该秉承一个“但行好事，莫问前程”的心态，一定得戒除急功近利、短期出成绩的浮躁心态，踏踏实实、按部就班地坚持下去。前两年是最艰难的，因为孩子基本上没有办法和自己交流，但后期“上轨道”后孩子的认知和学习能力就会出现一个加速度的状态。

（2）1岁半左右，可以开始对孩子进行一些简单的英语卡片的刺激，最好是带声音，因为这个阶段的孩子仍然停留在对声音和图片的敏感期。可以做一些简单的英语游戏，比如用英语数10个指头，引导孩子用英语说自己的五官。同时，这个时候的英语绘本也可以跟上来了，在做绘本阅读的时候，我倾向于源语输入，不需要翻译，重复是这个阶段的一个特点。想必其他家长也会有很多相同的感触，就是这个阶段孩子的求知欲很强，对于自己喜欢的绘本往往都要求重复阅读，等阅读到了一定阶段后，你会惊奇地发现，如果你某个地方出现了错误或者漏页，孩子一定会提醒你，这就是不断输入和重复的美妙之处。

（3）从3岁开始，孩子的中英文都到了发展的敏感期和快速爆发期，中文表达能力、理解力、记忆力等全都快速发展起来了，这个时候除了前期的“磨耳朵”工作不能停之外，就要稍微系统性地培养孩子的兴趣了。说到兴趣，估计又说到许多家长朋友的痛点了，感觉这是一个人人都知道重要，却没有几个人能做好的事情。在这个阶段培养孩子对英语兴趣的重要性，比孩子具体学到了什么内容要重要百倍。

(4) 在培养兴趣这方面，第一，前期的“磨耳朵”工作已经奠定了基础，至少让孩子听到英语后可能就不会那么反感或抵触了，甚至他们已经习惯了。第二，这个阶段的孩子活动范围大了，会表达了，有想法了，好奇心也强，所以，兴趣的培养要遵循的原则简单而粗暴，那就是既要有趣味性，又要有互动性和参与性。

孩子主动觉得某个游戏好玩，自娱自乐地在那里探索，这样才能让后续设计的游戏或者寓教于乐的教具起到作用，不能家长觉得好玩就让孩子去玩，孩子得有主动参与性。参与性高的游戏体验会更好，学习的效果和兴趣的培养更好，所以，会玩绝对是对家长的一种挑战和高层次要求。在这个阶段，很多家长可能会发现，即使在我们成人看来很简单甚至很“二”的一些游戏，孩子却可以玩得不亦乐乎。以我们家为例，这个时候孩子对英语已经很有兴趣了，简单的交流也会，至少一些指令是没有问题的，我就和他玩“木头人”的游戏，里面有 freeze（停）、move（动）、turn back（回头）、go（走）、stop（停）、jump（跳）、be quick（快）、slowly（慢）等一些简单的单词，我做木头人他发指令，或者角色互换，小孩会玩得很开心。在这种参与式游戏中，孩子对各种指令都熟练掌握之后，家长再给孩子创造一些让他发指令你来行动的机会，这样就从英语指令的被动接收变成了指令的主动发出。经过这个看似简单的过程，实际上已经完成了孩子从“别人的英语”变成了“我的英语” 的消化过程。这种掌握不但牢靠，由于结合了具体的游戏环境，孩子对这些英语的应用也是非常准确的。

这样的例子举不胜举，大家完全可以根据自己家孩子的性格特点来创造出一些让孩子有参与感的游戏。

情景化的英语游戏和环境更能激发孩子的乐趣。现在，许多家庭的玩具不是太少了而是太多了，但是，大家都没有把玩具寓教于乐的功能开发出来。我曾经给孩子买过一个超市的玩具，有收银台、货架、各种超市里的货物、扫描二维码的扫码器，甚至还有货币。我发现孩子很喜欢这些玩具，有时候自己和自己玩，有时候会主动提出来和我玩，所以我就在做这个游戏时，把所有的物品英语和他过一遍，比如一些蔬菜的名字。在我看来甚至都是生僻的单词，但是对于孩子而言则没有难易差别，他们记起来很快。同时，我还帮助他识别不同币值的货币，并且引导他对以货币为基础的数学产生兴趣。简单地教他 1 加 1 他肯定会无聊，加上有点抽象，孩子不会有太大的兴趣。但是如果趁机让孩子用手头的货币来做简单的数学运算，不但启蒙了兴趣，也获得了简单的训练，而且，所有这一切都用英语完成了。因此，他在学习了几个货币和加减法后，基本都能做 20 以内的加减法，并且可以用英语说出来。plus（加）、minus（减）、equal（等于）等这些只有在数学里才会用到的单词，他已经熟练掌握了。等到这些基本的工作做完后，我发现他喜欢扮演收银员，于是我就扮演顾客，买了一篮子东西，从扫码、结算到最后说再见，一气呵成。

后来我又增加难度，说我没开车，外面下雨，让他帮我叫专车，然后他又扮演专车司机，我们俩在电话里沟通怎么彼此找对方，什么颜色的车，什么衣服，去哪里，多少钱之类的。后来这个游戏玩得非常好，他非常喜欢，我们也互换角色扮演过不同的情景。事实证明，这个方法非常有效，他不但把所有的英文单词在娱乐时记住了，而且，为了展开游戏，他必须得用英语和我交流，英语表达也上来了。否则他老喜欢偷懒，截一些短句子，不愿说一些长句子。通过这些情景式的环境，他也更准确地理解了怎么运用英语。

我大体上把我们之间的对话总结如下：

M= Me（我，爸爸）

S= Steven（Steven，儿子）

M: Hello，welcome to our super market，can I help you？

（我：你好，欢迎光顾我们的超市，我能为你做点什么？）

S: I want to buy something for my Dad and Mum.

（儿子：我想给爸爸、妈妈买点东西。）

M: What do you wanna buy？

（我：你想买点什么？）

S: Let me check it out，I wanna buy fruits，vegetables and chocolate.

（儿子：让我想想，我想要买水果、蔬菜和巧克力。）

M: Okay，here comes what you want to buy！

（我：好咧，你想要买的都在这儿啦。）

S: Thank you and I will pay the check now. How much is it？

（儿子：谢谢！我现在就付款，总共多少钱？）

M: 78 dollars！

（我：78 美元。）

S: It’s really expensive！

（儿子：好贵呀！）

M: Yes，a little bit.

（我：嗯，是有点儿贵。）

S: I give you 100 dollars.

（儿子：我给你 100 美元吧。）

M: How much change should I give back to you？

（我：那我要找你多少钱呢？）

S: Let me count.

（儿子：我算一下。）

S: 22 dollars，right？

（儿子：22 美元，对吗？）

M: Bingo！

（我：非常正确！）

S: By the way，it's raining now，can you order a car for me please？

（儿子：顺便问一下，外面现在下雨了，您能为我叫辆车吗？）

M: No problem，my pleasure.

（我：没问题，我的荣幸。）

所以，这个环节实际上对家长的要求还是很高的。一方面，需要我们观察并分析自己家孩子的性格特点和兴趣点。另一方面，要见缝插针地利用一些玩具或道具鼓捣出一些适合他的游戏，真正做到寓教于乐。放下手机，和孩子踏踏实实、酣畅淋漓地玩上个把小时，你会发现，亲子关系更亲密了，孩子的专注度也更高了。

再讲一个我的小故事。考虑到 Steven 比同龄的孩子英语强很多，同时我也超级重视阅读这部分，因此在 Steven 3 岁多的时候，我自己以邻居的孩子为主要对象做了一个双语私塾，在这个课堂上我用英文教大家演小情景剧并且做 presentation（演讲）。长期做老师的经历告诉我：自己会和能讲出来并且让别人听懂是两个概念。出于这一考量，也为了从小锻炼 Steven 的 story-telling（讲故事）以及 presentation（演讲）能力，我大概从他 3 岁多到 4 岁的时候就每天给他做两个练习：English presentation and story-telling（英语演讲和讲故事能力）。从演讲技能上，我初步教他在开始演讲时应该说的开场白，无非就是很简单的句子：Good morning everyone，my name is Steven and the topic of my presentation today is ××××.（大家好，我叫 Steven，我今天演讲的题目是××××。）最后教给他学会说：That is the end of my presentation and thank you.（我的演讲到此结束，谢谢！）中间大不了让他学会说：first，second and third.（第一点，第二点和第三点）每次都由着他信马由缰地说，只要他的结构能覆盖了开头、中间和结尾即可。因为他的英语表达还不是特别顺畅和具有逻辑性，所以，我不会在内容上对他有过多的要求，只是注重形式而已。结果锻炼了 2 周后他的表达很有感觉，从最开始的 1 分钟能最后说到 2~3 分钟，而且里面的内容从一开始的“百花筒”变成了后期的“有主题”，不跑题，体现出了巨大的进步。这就是 2 周左右的锻炼结果，贵在坚持又一次让我尝到了甜头。

另一个方法就是故事复述法。采用这个方法的初衷是，我觉得此举可以加强他的逻辑记忆和语言的组合表达能力。在讲英文绘本的时候，我会一点一点给他解释着讲完整个绘本，确保他完全理解和听懂了。然后提前和他约定好：爸爸讲完绘本后，你要自己把这个故事给爸爸再讲回来。如果没有先前的约定他可能会反感甚至不配合，因为毕竟他用汉语讲起来更舒服、自信些。在复述故事的时候，我也是遵循两步走的方法：一开始，我让他对照着绘本拿英语用自己的话把故事再讲给我，中间肯定有遗漏，甚至是卡壳的地方，这个时候要及时帮他提醒并克服这个障碍，以便使得阅读更顺畅。同时，看到他个别地方有出彩的时候要夸张地给他表扬和鼓励，这种正向的鼓励太重要了。

育儿的过程非常累，但是它最大的魅力就是一种不确定性带来的惊奇。在实践中我看到了太多次儿子用他自己的措辞和语言把故事大概复述出来的情景，进步惊人，等到后期再看他对阅读的兴趣、阅读速度以及阅读的理解力，确实远远比同龄人超前。通过复述的方法，他把我的知识内化成了自己的知识，并且彻底掌握了。所以，Steven 虽然才刚刚满 5 岁，但现在的词汇量和阅读水平几乎可以达到公立学校 3~4 年级孩子的水平。

4~6 岁阶段，孩子已经上幼儿园了，一般的幼儿园也都会有一些基本的英语课。如果是双语幼儿园或者国际幼儿园，那英语的分量占得就更大了。其实，大多数家长是从这个阶段才开始对孩子的英语有了关注并投入大量精力的。也就是说，中国大多数孩子的英语学习是从上了幼儿园之后才开始的，最主要的方法则是给孩子报英语培训班。那么问题来了，这时候会晚吗？我觉得，一点都不晚，关键看方法。在正式进行组织性学习前，前面的“磨耳朵”工作可能在这个时候就会派上用场。这个阶段的英语学习可能就要稍微系统化了，主要从以下几个方面入手：

（1）绘本阅读

其实，英语绘本阅读很早就要开始了，从简单的英语带实物图片的卡片开始就实质上进行简单的绘本阅读了。在英语阅读上，我的观点是，能读就不要听，能听就不要看。言下之意，先读绘本，接着可以听绘本，最后一个步骤才是看动画片或者相关的绘本。

（2）动画片

孩子爱玩、爱看动画片是天性，所以要顺应这个天性，做到因势利导，但是要有所节制。放英语动画片可以增加孩子的英语兴趣，但是一定得控制每次看的时间。原则上 3 岁以下一次 5 分钟，3~6 岁可以一次 10~15 分钟。许多孩子对英语的兴趣，就是从简单的游戏和动画片里开发出来的。但是，由于看电视会部分侵蚀孩子的想象空间，所以节制是关键。在这个阶段，很多家长都特别苦恼的是如何激发孩子对英语的兴趣，到目前为止，我还没有看到对绘本或者英语动画片没有兴趣的孩子。也许有的家长可能要问：一上来就放英语动画片吗？如果他看不懂怎么办？我的答案是：是的，上来直接切入英语。如果先放中文版再想把孩子拉到英文版上，那基本上是个不可能完成的任务，因为大家都是喜欢在自己的舒适区待着的，大人、小孩同理。再者说，所有的动画片即使没有语言支持，我相信大部分孩子也都是能理解的，在这方面我的感受很深。孩子在 3 岁多不到 4 岁时，他开始看《米奇妙妙屋》英文版，第 1 集是羊丢了，需要找羊，里面涉及不同的形状以及英文数数。孩子看得非常投入，等看了几集后，他居然就会跟着里面的主题曲唱了。再过了一段时间，里面的对话他也能模仿了，而且模仿得非常地道，单词也自动掌握了。这样，在兴趣的引导下，他主动地掌握了很多东西，对英语一点都不排斥了，反而兴趣高涨，因为他知道这是理解动画片的基础。后来，从 4 岁开始我就给他放 *Peppa Pig* 英文版《粉红小猪》）。刚开始我放的是英文版视频，让他对里面的情节和人物有一个基本的理解后，我改变了方法，从看改成了睡前听，这样一下子难度提高不少，但是我一直坚持下来了。每天洗漱完毕上床睡觉前，我都会用网上的音频来听 2~3 集 *Peppa Pig*。我之所以这么做，主要是基于以下几个原因：第一，孩子之前的积累足够了，他应该随着时间的推移能大体理解这个视频；第二，不想让他过多地看电视；第三，通过听可以发挥他的想象力。实践证明这个办法非常好，从刚开始他有点抵触，到最后一次能听 5~6 集，从刚开始的大体能听懂，直到最后全部听懂并且跟着里面的情节乐，还能学习里面的对话。有时为了验证他是否真的理解了，我会就某些内容跟他进行核实，发现他确实听懂了。所以到目前为止，他的听力非常好，这一方面与我跟他讲话时从来不刻意减低语速和难度有关，另一方面，系统性、长期性地听一些英语音频也起到了非常大的作用。不到半年时间，我们把 *Peppa Pig* 反复听了四五遍，前一段时间甚至开始听 *Magic School Bus*（英文版《神奇校车》），这个难度（包括语速、知识面以及语言的复杂度、词汇量）都俨然是小学 3 年级的水平了，他也差不多都能听进去。不过在听的时候，考虑到这个难度比较大，我也配合了视频版和绘本版，这样他的理解能更准确些。最近，他经常缠着我给他讲 *Magic School Bus* 的绘本，听得非常入迷。所以，这些实践证明，孩子的接受能力以及潜力往往超出我们的想象。

（3）自然拼读

在孩子上幼儿园，也就是 3~6 岁这个阶段，孩子双语阅读的兴趣是非常浓厚的，如果孩子有喜欢读书，尤其是英语书的习惯，那么可以在 4 岁左右开始进行比较系统的自然拼读的学习。现在，学校里已经不再教国际音标，取而代之的是自然拼读，这个更容易上手。自然拼读有一个基本的逻辑过程：首先，前期有个“磨耳朵”的过程；第二步，孩子 26 个字母已经都学会了；第三步，才开始通过一些自然拼读的挂图、图书和点读笔来教孩子学字母发音乃至单词组合的发音，做到见字母会读，见字母组合会读。在这里我特别强调一下乐趣的重要性，因为孩子的英语学习在一个非英语的环境下必须得有足够的乐趣才能推进下去，所以，点读笔是一个比较不错的自我琢磨和自我学习的工具。现在市场上有许多点读笔和一些与点读笔配套的书，这些点读笔都遵循着自然拼读的原则，由字母到组合最后到单词的科学逻辑过程，非常适合孩子自己琢磨或者在家长的点拨下进行自然拼读。等到孩子们的自然拼读掌握了，他们将会进入另外一番全然不同的世界，因为他们可以做简单的自我阅读了，从非常简单的只有几个字的绘本开始，家长可以带着孩子慢慢做一些字数和内容越来越复杂的绘本阅读。

回到自然拼读的具体办法，首先从 26 个字母的发音开始，这是基础。在这里需要给大家强调一下，letter name（字母名称）和 letter sound（字母读音）是完全不一样的两个东西，很多孩子在这个年龄段 letter name 完全是没问题的，但是 letter sound 却难以掌握。letter sound 会涉及自然拼读的范畴，通过反复的卡片或者点读笔，我相信大多数孩子是会下意识地掌握 letter sound 的。接下来，就是更复杂的元音、辅音、元音辅音组合的自然拼读规则了。什么叫规则？规则就是把共性的东西不断地重复。这个年龄段的孩子，给他讲规则基本上是没有意义的，太过于抽象，只能依靠大量的共性的拼读规则的单词组合重复才能做到“见词会读”。这方面，市场上的自然拼读类书籍会有所帮助。

在这里，老王需要强调几点：第一，从简单入手，过于复杂无法让孩子建立起规则的意识，也超出了他们这个阶段单词的共性，所以，完全没有必要把所有自然拼读的规则全学完。随着孩子年龄的增长、理解力以及自身单词量的积累，他会自己发现一些普适性的规律。第二，由于这个阶段会略显枯燥，而且有趣、有效的方法不会太多，所以，更是对家长毅力的巨大考验。但是，只要顺利地把自然拼读这关过了，那对于大人和孩子都是巨大的解脱。简单地说就是他能认字了，能逐渐做独立阅读了。我是从 2016 年 3 月发现孩子在幼儿园属于“傻玩傻乐”的状态后才有点着急，才开始在家里系统地教他，好消息是他上手很快，自然拼读现在已经基本完成，大约几个月前就可以做一些独立阅读了。现在回到家里，他老是跟我说，幼儿园老师教的自然拼读他都会读，实际情况也确实这样，现在一些纯文字类的东西他都可以读出来，而且不需要图片的支持，甚至开始有了单词拼写的意识，这些全是自然拼读的结果。

（4）亲子对话

这个阶段的孩子如果前期的基础还不错，听和说的输入够了，为了巩固孩子的记忆力和学习成果，可以在家里进行简单的亲子对话。通过对话可以让孩子学会语言的使用环境，因为语言最终是用来交流的。

坚持重复的力量：坚持，收获成果

以上部分主要是就听和说这两个方面而言，阅读方面则需要注意如下几个问题：

(1) 在很大程度上，孩子英语的阅读兴趣可以说 100% 是家长培养起来的。因为孩子都喜欢阅读，并通过阅读来探索未知的世界，而且阅读实在是一个特别重要甚至一辈子都很重要的习惯。在这个习惯培养的过程中，家长的做要重于说。身教重于言传。在绘本的选择上，坚持画多字少、从具体到抽象的过程。绘本阅读 1 岁就可以开始了，每天坚持睡前听故事、读故事、讲故事，一旦习惯确定，一直坚持下去，效果惊人。

(2) 英语绘本的阅读重在重复。孩子的记忆力需要重复，不是一下子就能建立起来的。所以一周读两本绘本，反复读，直到孩子见图就能讲出来，甚至你讲错了他都能给你纠正过来的程度，那真的就表明孩子理解并掌握了这些绘本的内容。

(3) 等到 4 岁自然拼读学习后，可以逐渐购买一些以自然拼读为导向的绘本，这些绘本的特点是：编制完全按照自然拼读的顺序，元音、辅音、元辅音组合、押韵、重复、规则、不规则全都在阅读里体现出来了。把自然拼读融入阅读里去学，目前看来是最主流也是最有效的方法。

回到我的孩子身上，从小到大，除了在不同年龄阶段有不同程度的绘本外，还有各种类型的动画片。

2 岁多的时候主要有《天线宝宝》，动作多于语言。等到 3 岁开始则有《托马斯》《米老鼠唐老鸭》《超级飞侠》《粉红小猪》，4 岁后开始有比较复杂一点的，比如《海底小纵队》《神奇校车》。这些都是双语版，但是我们都是从英文版本开始，直到英文版全部看完后才开始转向中文版，中文版看完后再看书。现在我觉得，孩子在图书和英文版的动画片中的兴趣比例各占一半。

另外，我们每天都有固定的阅读时间，主要分为两部分：一部分是从幼儿园放学回来后立刻阅读，另外一部分则是睡前的讲故事阶段，几乎从不中断。现在孩子在自然拼读的帮助下，可以阅读大概 40 页的绘本故事，全程拼读出来并理解意思。

现在孩子快 5 岁了，听力、口语、阅读量都属于爆发期，所以我又增加了很多有点难度的东西，比如把历史故事融入到阅读中去，增加故事的趣味性和难度。另外，制作一些讲故事的视频给孩子播放，孩子看到视频中的爸爸会很感兴趣，所以，频繁播放、配音也是这个原理，他很乐意看到自己在配音中的表现。

最后，想说一个方法之外的东西，那就是家长的高质量陪伴。高质量陪伴并不是时时刻刻的陪伴，而是陪读时需要全心投入。

亲子双语阅读这件事情，第一，要从小渗透；第二，家长要有想法、有办法，最重要的是要有恒心和毅力。在恒心和毅力面前，任何方法都不太重要，只要培养起孩子的兴趣，那就算是上了轨道了，以后只靠孩子的自觉也能学得非常不错，最关键的是培养起受用一生的阅读习惯。

图书在版编目（CIP）数据

遇见天使：达人父母养育札记 / 郝景芳等著．—北京：北京理工大学出版社，2017.9

ISBN 978-7-5682-4405-3

Ⅰ．①遇… Ⅱ．①郝… Ⅲ．①儿童教育—家庭教育 Ⅳ．①G782

中国版本图书馆 CIP 数据核字（2017）第 174141 号

出版发行 / 北京理工大学出版社有限责任公司
社　　址 / 北京市海淀区中关村南大街 5 号
邮　　编 / 100081
电　　话 / （010）68914775（总编室）
（010）82562903（教材售后服务热线）
（010）68944515（其他图书服务热线）
网　　址 / http://www.bitpress.com.cn
经　　销 / 全国各地新华书店
印　　刷 / 北京盛兰兄弟印刷装订有限公司
开　　本 / 880 毫米 ×1230 毫米　1/32
印　　张 / 6.5
字　　数 / 121 千字
版　　次 / 2017 年 9 月第 1 版　2017 年 9 月第 1 次印刷
定　　价 / 39.80 元

责任编辑 / 李慧智
文案编辑 / 李慧智
责任校对 / 周瑞红
责任印制 / 边心超